W I Z A R D

勘違いエリートが真のバリュー投資家になるまでの物語

The Education of a Value Investor

My Transformative Quest for Wealth, Wisdom, and Enlightenment

by Guy Spier

ガイ・スピア[著]　長尾慎太郎[監修]　井田京子[訳]

Pan Rolling

The Education of a Value Investor :
My Transformative Quest for Wealth, Wisdom, and Enlightenment
by Guy Spier

Japanese translation rights arranged with Guy Spier
c/o William Clark, New York through Tuttle-Mori Agency, Inc., Tokyo

監修者まえがき

本書はガイ・スピアによる〝The Education of a Value Investor：My Transformative Quest for Wealth, Wisdom, and Enlightenment〟の邦訳である。スピアは独立系のヘッジファンドマネジャーで、ウォーレン・バフェットとランチをするために、モニッシュ・パブライ（**『ダンドー』**［パンローリング］の著者）とともに六五万ドルを支払ったことで名が知られている。本書はスピアがバフェットを目標としてバリュー投資家として成長する過程を記した自伝であるが、それと同時に、彼が自己の弱さと欠点を克服し、自分の魂を救済する旅の記録でもある。文中で何度か触れられているように、スピアはＡＤＤ（注意欠陥障害）を患っており、それが一因となって Self Esteem（自己肯定感）を高めることができないままに社会に出ることになった。このため、虚栄心と傲慢さから、最初の就職先として悪名高い証券会社を選んでしまい、それが彼の人生を大きく狂わせることになる。

もっとも、ＡＤＤや自己肯定感が低いことそのものは、けっしてネガティブなことばかりではない。ＡＤＤ患者のなかには社会的な協調性に少し難があるものの特定の分野でたぐいまれな成果を出す天才型の人もいるし、自己肯定感の低さは、そのコンプレックスをバネとして尋常ならざる努力をいとわない動機にもなり得る。現にスピアもオックスフォード大学とハーバード大学を優秀な成績で修了している。

著者は証券会社に勤務していた日々のことを暗闇と表現しているが、一流大学で受けた教育もその苦境から彼を救ってはくれず、失意のうちに仕事を辞めることになる。ところで、投資も人生と同じく、何が正しいのかは文化的・文脈的に決まるのであって、普遍的かつユニークには定まらない。しかし逆に、私たちは個々人にとってのゴールやスコープを、自分自身の手で決めなくてはいけない。投資の世界においては信じるに足るものは極めて少ないが、グレアム・バフェット流のバリュー投資はそのなかの最右翼である。著者は絶望のさなか、頼るべきものとしてバフェットのスタイルを選んだことで、窮地脱出の糸口をつかんだ。本書には、人生と投資の初期段階で決定的な失敗をしたものの、その後は正しい道を進んだことで、数々の障害を乗り越えて成功と幸福を勝ち取った一投資家の軌跡が記されている。読者におかれてはこの教訓と希望に満ちた物語を存分に堪能していただきたい。

翻訳にあたっては以下の方々に心から感謝の意を表したい。翻訳者の井田京子氏は分かりやすい翻訳を、そして阿部達郎氏は丁寧な編集・校正を行っていただいた。また本書が発行される機会を得たのはパンローリング社社長の後藤康徳氏のおかげである。

二〇一五年一〇月

長尾慎太郎

私の両親、マリリン・スピアとサイモン・スピア、姉のタニア、子供たち、イバ、アイザック、サラ、そして妻のローリーにこの本を捧げる。すべてはあなたたちのために。

目次

序章

本書の目的は、私が投資家になる過程で学んできたことの一部を紹介することにある。これらは、ほかのだれでもなく、私自身が学んだことだ。ただし、本書は投資のハウツー本でも、投資家になるための手引書でもない。むしろ、その過程とそこで私が学んだことを綴ったものと思ってほしい。私には欠点や弱点、特異体質、かなりの死角などがあるが、それでも学びを重ね、何とかやってきた。

本書では、私が長年の間に遭遇した核心的な洞察や強力なツールのいくつかを紹介したいと思っている。これらの多くは教科書に載っているようなことではない。私が紹介したいのは、現実の世界で物事がどのように起こるかということだ。ただ、現実の世界はかなり煩雑なので、本書の項目も多岐にわたっている。このなかには、私の習慣といったささいなこと（例えば、何を最初に読むべきか）から、非常に重要なこと（自分のヒーローやメンターとしてだれを選び、彼らの知恵がどれほど人生を変えることになるか）ということまで、幅広く含まれている。

本書は私の変革の軌跡をたどったものである。私は最初、ゴードン・ゲッコーのような、性急で、短絡的で、自分とはまったく違うタイプを目指していた。しかし、一連の変革と自己実現によって、ベンジャミン・グレアムの**『賢明なる投資家』**（パンローリング）からルーアン・

カニフ、『プア・チャーリーズ・アルマナック』（Poor Charlie's Almanac）、ロバート・チャルディーニと読み進み、『ダンドー』（パンローリング）の著者であるモニッシュ・パブライと出会い、ウォーレン・バフェットとのチャリティー昼食会に至った。六五万〇一〇〇ドルで競り落とした昼食が、私に人生を変えるほどの影響を与えたことについても書いていく。

私は、バフェットと会って一年もたたずに、ニューヨークにあった自分の荷物の三分の二を処分し、家族の荷物の半分を倉庫に収め、残りの半分を転居先のスイスに送った。そして、私のファンドの新規顧客に管理手数料を課すのをやめた。また、ブルームバーグの電源を切り、株価を毎分チェックするという悪い癖もやめた。

ただ、私はウォーレン・バフェットとの昼食会を推奨しているわけではない。落札額が高騰して、二〇一二年には三四六万ドルまで跳ね上がったことを考えればなおさらだ。それに、自分が特別にバフェットを理解しているとも思っていない。ただ、私がどのように投資し、どのように生きるべきかについて、彼が極めて大きな影響を与えたことは間違いない。そこで、彼の話から私が導き出した教訓のいくつかを紹介したいと思っている。きっとあなたの役にも立つだろう。

それまでよりも賢明な人生を歩み始めるまでに、私は一生で最高の時期と言える二〇年間を費やした。何度もつまずき、それによってかなりの時間も失った。できれば本書があなたのつまずきを減らし、早めに賢い道にたどり着く助けになればうれしい。バフェットの言葉を借りれば、「自分の間違いから学ぶのもいいのですが、他人の間違いから学ぶことができればなおいいでしょう」。

もしあなたが本書からいくつかの教訓を学ぶだけでも、金持ちになれるだろうし、もしかしたら大金持ちになるかもしれない。もちろん、私が集めた知恵（私のヒーローたちからのものや、自分の間違いや成功から学んだことなど）は、投資家としての私をはかり知れないほど助けてくれた。本書を執筆時点で、一九九七年に設立したアクアマリン・ファンドの累積リターンは四六三％に達している（同時期のS&P五〇〇は一六七％）。別の言い方をすれば、ファンド設立時に投資した一〇〇万ドルが、五六三万ドルに増えているということだ（S&P五〇〇ならば二七〇万ドル）。

ただ、本書は投資における内面の葛藤についても書いており、それは人生における内面の葛藤にも通じるものがある。つまり、投資には、お金よりもはるかに大事なことがある。富が増えれば、お金はあまり重要ではなくなるということに、ぜひ気づいてほしい。そして、そう気づけば富の大部分を社会に還元したくなるはずだ。

もし、それが分からないと言うのであれば、それもよい。私も人生のほとんどにおいて自分が何をしたいのかが分からなかったし、今でもその気持ちは多少残っている。あなたと同様、私もまだ成長の途中にあるのだ。

最近、資本主義の行き詰まりがよく叫ばれている。規制を強めて欲深い銀行家と無責任なC

EO（最高経営責任者）の権限を弱め、もっと積極的に富を再配分すべきだとも言われている。しかし、欲望はもっと深くて魂を込めるべきことにも利用できるかもしれない。私の経験から言えば、チャンスに飢えた若い資本家としてスタートを切り、欲望だけで突っ走っているうちに、いつのまにか少しずつ賢明な考え方に変わっていくということもある。もし欲望がより多く勝ち取ることだけでなく、精神的な成長と賢明さを求める内面の旅につながったのであれば、結局、欲望も悪いことではなかったのかもしれない。

それについては、本書の最後でさらに述べることにする。ただ、その前に私が窮地に陥った話から始めよう。

第1章　窮地からウォーレン・バフェットへ

「ああ、この硬い、あまりにも硬い肉体が、溶けて崩れ、露と流れてくれぬものか。
……
この世のありとあらゆるものが、
私にはなんとも疎ましく、腐った、つまらない、くだらないものに見える。
許せない、ああ、許せない。この世は、荒れ果てて、雑草ばかりが生い茂った庭。
けがらわしいものばかりがはびこって悪臭を放っている。こんなことになろうとは」
——『ハムレット』（一幕二場一二九～一三〇行目と一三三～一三七行目）

こんな風に感じたことはないだろうか。ひどい自己嫌悪感だ。私はハムレットと違って自暴自棄にはならなかったが、同じくらい惨めな気持ちにはなっていた。投資銀行で働く人すべて、なかでも同僚たちに嫌気がさしていたからだ。自分の勤め先に対しても嫌悪感でいっぱいだった。そして最悪なことに、自分自身にもうんざりしていた。

その約二年前、私は世界をも征服できると思っていた。当時はまだハーバード・ビジネス・スクール（ＨＢＳ）の学生で、その前はオックスフォード大学経済学部を首席で卒業していた。

どのようなことでも可能に思えた――すべてを投げ打って、無謀で愚かな仕事を選ぶまでは。

一九九三年、ハーバードを卒業する何カ月か前に、私はD・H・ブレア・インベストメント・バンキング・コーポレーションの会長補佐の募集要項を見つけた。投資銀行については本で読んだことがあり、自分はこれから世界を制覇するのだとうぬぼれていた。

若気の至りで、私は自信満々にニューヨーク市にあるD・H・ブレアのJ・モートン・デービス会長を訪ねた。デービス会長は、ブルックリンの貧しいユダヤ系家庭の出身で、一九五九年にハーバード・ビジネス・スクールを卒業し、一九〇四年に設立されたD・H・ブレアの社主兼会長に上り詰めた人物だ。彼は何億ドルも稼いでいると言われていた。

会長と面会したのは、ウォール街四四番地にある木の壁の角部屋だった。ここは、まるでジョン・ピアポント・モルガン（モルガン財閥の創始者）の時代から改装されていないような伝統的な投資銀行パートナーシップの雰囲気を漂わせた事務所だった。実際、J・P・モルガンの本社はそのすぐ近くだった。

会長は、完璧なセールスマンで、私をすっかり魅了した。彼は、自分が手掛けた素晴らしい案件について話したり、流行のバイオテック業界などの例を挙げたりしたあと、「君は私の直属で、すぐにこのような取引をしてもらうことになる」と付け加えた。また、会長と一緒なら「無限」の可能性があると明言し、ブランク・ベトガーの『私はどうして販売外交に成功したか』（ダイヤモンド社）を手渡してくれた。私は、デービス会長の慣習にとらわれず、たたき上げで大成功を収めた異端者的なところが気に入った。

それから間もなく、ニューヨーク・タイムズ紙にD・H・ブレアが「悪名高い」証券会社で、同社のブローカーは「顧客の株の売り注文を拒否することで知られている」と書かれた記事が載った。ここには、デラウェア州の証券当局が「ブレアの免許剥奪を試みた」ことや、ハワイ州の当局が「ブレアは詐欺行為や不正な販売行為を行っている」と発言したことも書かれていた。私がこの記事について質問すると、デービスはみんなが彼の成功を妬み、追い落とそうとしているのだと答えた。そして、私はその話を信じてしまった。

ハーバードの友人の何人かは、私がD・H・ブレアで働くと聞いて眉をひそめたが、私はその警告に耳を貸さなかった。私は傲慢で、反抗的で、みんなが選ぶ大手（ゴールドマン・サックスやJ・P・モルガンなど）には行かないと決めていた。自分の道は自分で開拓し、起業家に近いことがしたかったのだ。デービスは、私がとても断れない好条件を提示し、私はそれを受けた（あとから考えれば断るべきだった）。前途洋々、ウォール街の資金は私のためにあると思っていた。

一九九三年九月、私は希望に満ちあふれてD・H・ブレアで働き始めた。肩書はバイスプレジデントだった。私は二階の薄暗い木の壁の部屋を、親切な年配の社員と共同で使っていた。彼はもう何年も契約を取っておらず、もはや投資銀行の体裁を彩る景色の一部になっていた。

それからわずか六カ月、私は惨たんたる状態にあった。続けざまに打ちのめされていたからだ。私は最初、自分が会長の唯一の補佐役で、会長に提示されるさまざまな案件の分析を手伝いながら達人の技を学べるのだと思っていた。残念ながら、彼の補佐役はあと二人いた。

三人ともMBA（経営学修士）を修得したばかりで、レンはハーバード・ビジネス・スクール、ドリューはウォートン出身だった。これは食うか食われるかの世界で、三人はチームとは言い難かった。私はすぐに、自分がアナリストとしてまったく必要とされていないことを知った。つまりウォール街の常識を、わざわざ苦労して学んだことになる。ここには、必要な仕事をする十分な能力を備えた人がいくらでもいた。競争は激しく、自分の地位を狙う人たちがたくさん控えていたのだ。

結局、私が会社に付加価値を与えられる唯一のことで、私に本当に求められていたのは契約を取ることだった。私はそれを受けて立つつもりだった。もともと、それがしたくてこの仕事に就いたのだ。しかし、会社の内でも外でも競争は激しかった。そして、私は慣れていなかった。D・H・ブレアも、投資銀行も、金融も、ニューヨークも、私にとっては初めての経験だったのだ。

それでも会社を辞めるつもりはなかった。それは負けを認めることになる。ハーバードの友人たちに自分の間違いを認めるのは悔しかった。すぐに投げ出す人間だと言われ続けるのはさらに避けたかった。そして何よりも、周りが私を見る目が、自分自身の思い以上に私を駆り立てた。それがなければ、一分も我慢できずに逃げ出していただろう。しかし、私は何としてでも成功したふりをしたかった。

私の唯一の目標は契約を取ることだった。そうすれば、勝利を宣言して堂々と辞めることができる。私は、何カ月も笑顔を作り、電話を掛け、歩き回り、契約の可能性が少しでもある顧客を粘り強く説得しようと試みた。しかし、収穫はなかった。大量のテストステロンを放出して成功することを決意していたのに、ＭＢＡ修得後、最初の仕事はあきれるほどうまくいかなかったのだ。

最高の契約がゴールドマン・サックスやモルガン・スタンレーといった大手にことごとくさらわれていったことも事実だが、問題はほかにもあった。チャンスはたくさんあっても、それをＤ・Ｈ・ブレアとして契約するためには、私が経験したことがないようなことをする必要があったのだ。

Ｄ・Ｈ・ブレアはベンチャーキャピタル向けの融資を得意としていた。これは、私がこの会社に引かれた理由でもあり、最前線で世界を変えるような新しい技術開発に融資するような仕事をしたいと思っていた。もちろん、私も大儲けができる。私は傲慢で尊大だっただけでなく、ウォール街に渦巻く欲望も十分持ち合わせていた。そして、大金持ちへの道はすぐだと思っていた。

しかし、本当に実用的な技術や革新的なアイデアで、確実に成功するものは極めてまれだという厳しい現実があり、それはゴールドマン・サックスやモルガン・スタンレーといった一流投資銀行が融資している会社でも同じだった。

つまり、ほとんどの融資先は「成功するかもしれない」に分類された。そして、世の中にはどうしても夢を実現したくて、融資を受けるためならば何でもするし、何でも言うという経営者がたくさんいた。結局、気づいたときには、価値のない契約と見込みのない起業家に囲まれて、身動きがとれなくなっていた。

高校で初めて習い、ハーバードの「決定理論」の授業でも学んだ期待確率は、もし契約するならば、少なくとも妥当な確率で利益が上がるものでなければならないという冷酷な理論である。失敗案件がたくさんあり、投資額の何倍ものリターンが上がった案件はごくわずかしかなかったが、それでも私は融資案件の成功率が最低でも五〇％には達しているはずだと思っていた。しかし、しばらくすると、D・H・ブレアの勝率はそれをはるかに下回っていると考えざるを得なくなった。

あるとき、資金調達を目論む常温核融合ベンチャーとの会合に呼ばれたときのことはよく覚えている。投資先の資料や経緯を読んだ私は、つい「科学的に筋が通ってないじゃありませんか」と口走ってしまった。

これは暗に「私が知らん顔をして、このゴミのような会社が大成長を遂げると営業部門に伝えるとでも思っているのですか」という気持ちを込めていた。

ほかにも、カザフスタンのバイコヌール宇宙センターと共同で新たな宇宙ステーションを建設する予定だという会社のＩＰＯ（新規株式公開）は、旧ソ連の共和国の元官僚が設立した会社との契約が基になっていた。この会社の主な資産は、外国語で書かれた未完成な契約書だけで、これはニューヨークやロンドンではもちろん、カザフスタンの裁判所でさえ法的な効力があるとはとても思えない代物だった。常温核融合ベンチャーと同様、この会社が大成長を遂げる可能性は極めて低かった。

つまり、これがＤ・Ｈ・ブレアのビジネスだった。荒唐無稽な会社を探してきて、何も知らない一般投資家に期待させて売りつけるのだ。

公正を期して言えば、このような「チャンス」の多くは価値がなく、いずれ失敗に終わったが、大ヒットになるものも時にはあった。例えば、生命工学系ベンチャーのはしりであるエンゾ・バイオケムはそのひとつで、当時はまだ収益がない会社のＩＰＯなど考えられなかった時代に上場にこぎつけた。また、Ｄ・Ｈ・ブレアが手掛けたＩＰＯが大成長を遂げて大きな収益をもたらすこともまれにはあった。しかし、それだけでは足りず、Ｄ・Ｈ・ブレアは収益源が必要だった。

案件の多くは、融資の手数料収入に加え、ワラント債の引き受けでも儲けていた。また、Ｄ・Ｈ・ブレアはＩＰＯを単独で引き受けることが多く、売買スプレッドは大きければ二〇％にもなったため、売買するだけで大きな利益につながった。そして、ウォール街ではよくあることだが、顧客はＤ・Ｈ・ブレアの言いなりだった。

しかし、顧客を増やして株の売買高を上げるためには、さまざまな演出が必要だった。怪しげな成功率で見栄えを良くし、みんなが熱心に買いたくなるような案件に仕立てることは、D・H・ブレアのアナリストや投資銀行部門の仕事の一部だった。また、成功案件を作りあげて融資を円滑に進めるためには、みんながそれぞれの役割を演じる必要があった。

常温核融合や宇宙ステーションの案件は、短期的に利益が出るものではないし、永遠に出ないかもしれない。しかし、これらの案件にはいわゆるシズル感があった。このような事業には、大衆の心をとらえるアイデアがあったからだ。もし熱心な一般投資家が常温核融合や宇宙ステーションのとりこになれば、IPO株は成層圏を超えて公開価格の何倍にも跳ね上がる場合がある。そうなれば、投資銀行としては大成功で、たとえその会社がいずれ失敗に終わっても関係ない。株価が上がれば、D・H・ブレアはワラント債を行使して株を売却し、利益を上げる。そうなれば、いずれ会社が破綻しても、株はすでに売却されているため、D・H・ブレアやその顧客が大きな損害を被ることはない。

ただ、このような商売を続けていくためには、さまざまな営業活動を積極的に行う必要があった。そのため、D・H・ブレアには一四階に個人向けのブローカー部門があり、そこにはテレマーケティング詐欺まがいのことをする強引なブローカーが大勢いた。彼らは、私がいた投資銀行部門とは物理的にも法律的にも分離されていた。彼らはD・H・ブレア・アンド・カンパニーの社員で、私はD・H・ブレア・インベストメント・バンキング・コーポレーションの社員だったのだ。

銀行部門の私たちは、人数は少ないが基準を満たす堅気の会社としての顔だった。しかし、その裏で個人向けブローカーが無知な個人投資家に怪しげな案件を押し売りしていた。彼らは、マーティン・スコセッシ監督の映画「ウルフ・オブ・ウォールストリート」に出てくるブローカーに怖いほど似ていた。映画は誇張されたところはあっても、ウソではなかった。Ｄ・Ｈ・ブレアの一四階はテストステロンが渦巻いており、営業成績トップのセールスマンを売春婦が慰問に訪れることもあるという噂もあった。

私が彼らと直接かかわることはなかったが、押し売りする商品は投資銀行が頼りだった。二階にある木壁の立派な部屋にいる私たちは、恥じるようなことはしていなかったが、その一二階上では目を見張るようなことが行われていた。ただ、それを実現するには、どうしても銀行部門が必要だった。

入社して一年ほどで、会社が私に期待している役割が分かってきた。ほんの概略程度の案件を見栄えよくまとめ、デメリットは抑えるか無視して、無限のメリットを強調するということだ。

私はよく訓練された注意深いアナリストとしてこの会社にいたわけではなかった。この会社に、アイデアを慎重に調べ、チャンスを検証し、案件の本質をできるだけ正確かつ正直に評価する人間は必要なかったのだ。あとから考えれば、会社にとって、私の本当の価値はオックスフォードとハーバード・ビジネス・スクールの学位であり、案件や書類をピカピカの学歴で装飾できることだった。つまり、私は会社にアイビーリーグの隠れ蓑を提供していたのだった。

常温核融合ベンチャーとの会合を振り返ってみると、当時の私はあまりにも無知だった。みんな、心では次のように思いながら、私が自分の役割を果たすことを期待していたのだ。

ベンチャー幹部

D・H・ブレアの幹部のみなさん、私たちの話はどうせたわ言です。これがうまくいくことはほぼないでしょう。ただ、長年の研究で相当額の個人資金をつぎ込んでしまいました。幸い、これが百パーセントうまくいかないと言い切れる人もいません。それに、この話は投資家やメディアも興奮して飛びつくでしょう。核融合関連では世界で唯一の公開会社になるのですから。

私以外のD・H・ブレアの出席者

この株が高騰する可能性が極めて低いことは分かっていますが、私たちもこの案件が必要です。公開すれば、あなた方幹部も創業者の持ち株で大儲けができますし、私たち投資銀行も手数料と株の売買で大儲けできます。それに万が一、成功すれば、顧客も儲かります。

この皮肉な儀式のさなかに、私はインチキ臭い仕組みだという考えをあらわにし、「これまで常温核融合に成功したと主張した人はたくさんいましたが、それと何ら変わらないじゃありませんか」などと発言してしまった。機転が利かないどころか、大声で笑い飛ばしてしまったのだ。

その瞬間、自分がその部屋にいた全員に疎まれたことを、あとになって気づいた。私のような間抜けが余計なことを言っているかぎり、この株が高騰するわけがない。バカ正直な人間が、このような環境で成功できるわけがなかったのだ。

しかし、敗北を認めたくはなかった。そこで、私はそれまで以上に営業に励み、さらなる苦労や問題に備えて身構えた。それまでよりも笑顔を増やし、顧客に電話を掛け、営業回りを続けたのだ。

そうこうしているうちに、私はそれまでよりもはるかに良い案件を見つけた。今回は、リスクはあっても融資する価値があると胸に手を当てて言える内容だった。これはテレチップスという会社で、一九四四年には、すでにコンピューターと電話の機能を兼ねた通信装置を持っていた。経営陣を率いるのは、ベル研究所出身のC・A・「アル」・バーンズと、ベビーベルの一社でセールスマンをしていたランディー・ピナトだった。彼らは強力なアイデアを持っていたが、時期尚早だった。ときはまだインターネットが商業化される前で、携帯電話も登場したばかりだった。

私のほうも、社内で経験豊富なハワード・フィリップスと知り合い、案件の組成や資金調達に参加してもらうことになった。彼はオッペンハイマーで確固たる実績があり、早期退職後にD・H・ブレアで働いていた。非常勤なので週に二～三日しか出勤していなかったが、私のことを気に入ってくれていた。

ただ、しっかりとした経営陣を見つけ、彼らに資金調達の話を進めていることを伝えたあとに、痛みと不快さが伴う新たな事実が判明した。私は、フィリップスと対等のパートナーのつもりだったが、手数料の分配率が五〇－五〇でないことが判明したのだ。彼の取り分は不当に多かった。これにはお金のことよりもプライドが傷ついた。しかし、もし契約が取れそうならば、その条件をのむしかなかった。

次は案件の承認を取らなければならない。しかし、これは簡単に承認されると思っていた。短い期間だがそれまで見てきたインチキ事業と比べれば、今回ははるかに妥当な案件だったからだ。フィリップスと私は投資委員会にはかり、テレチップスのための調達額や評価を記した基本合意書を取りつけ、一通りのデュー・デリジェンスを行った。このときの私は有頂天になっていた。

それはバーンズとピナトも同様で、私たちは祝杯を上げた。二人は、もう資金調達に奔走せず、ビジネスの構築に集中できるようになることに興奮していた。ピナトは、非常に信頼できる別の調達先とも話を進めていたが、私が好きだし、一緒に仕事ができてうれしいと言ってくれた。

私自身も、ボーナス（少ない額ではあるが）の一部をすでに使い、ハーバードの卒業生向けニュースレターにこの件をどのように投稿しようかなどと考えていた。それはきっと「ガイ・スピアがＨＢＳ卒業後一八カ月で最初の契約を獲得」といった感じになるだろう。

しかし、老練なフィリップスは、私よりもはるかに多いであろうボーナスにまったく手を付けていなかった。きっと、デュー・デリジェンスが簡単にはすまないことを知っていたに違いない。デービス会長は、ほかの若手社員に調査を命じ、その社員は徹底的なあら探しを始めた。私は信じられなかった。彼はそれまで、もっとひどい案件を大いに推奨してきたからだ。

そのうちにテレチップス側が話の進まないことをいぶかり始め、私が返事に詰まっているうちに、私はある会合に召集された。この時点で、資金が底を尽きかけていたテレチップスは、調達を切望していた。この会合で、私は先のあら探し（失礼、真剣なデュー・デリジェンス）によって当初の条件よりも企業評価がかなり下がったため、融資はしても手数料を上げる必要があることを知らされた。

ピナトから電話があり、Ｄ・Ｈ・ブレアの対応と、私が期待させ続けたことに愕然としたと言われた。私はひたすら謝り、このような展開になることは本当に知らなかったと言うことしかできなかった。信じてもらえたとは思うが、本当のところは分からない。個人的な信用と友情を失ったことは間違いない。

それから一～二日で、テレチップスは条件概要書を受け入れた。そうするしかないことはみんな分かっていた。投資委員会は、そのタイミングまで結論の引き延ばしをしていたのだ。私は激怒し、嫌悪感を覚えた。自分に対してもだ。

今になって思えば、当時の私はモラルの崖っぷちにいた。もしこの会社の文化にあと少し染まっていれば（望む望まないは別として）、私は崖を転げ落ちて二度と這い上がれなくなっていただろう。

実際、私が退職して二～三年たったころ、D・H・ブレアは当局と問題を起こし、大幅に縮小された。また、個人顧客を担当していたD・H・ブレア・アンド・カンパニーのほうは、一九九八年に閉鎖された。二〇〇〇年にはウォール・ストリート・ジャーナル紙が、同社の個人部門に所属する一五人の社員が一七三件の株の不正に関与していたと報じた。

彼らは利益目的の株価操作と、違法な販売方法について告訴された。そして、同部門の幹部四人――会長のケントン・ウッド、副会長のアラン・スターラーとカルマン・レノフ、ヘッドトレーダーのビト・カポトート――が証券詐欺と株価操作の共謀で有罪となった。USAトゥデー紙も、D・H・ブレア・アンド・カンパニーとその幹部が「顧客への被害弁済に充てる」二一〇〇万ドルを支払ったと伝えた。

別会社だった投資銀行は無傷で、デービス会長は起訴を免れた。しかし、スターラーとレノフが彼の義理の息子だったことを考えれば、大変だったに違いない。それに、メディアにも叩かれた。例えば、一九九八年にはフォーブス誌がこの件について「物議をかもしたボロ株王、J・

モートン・デービス」について「マシな会社ならば手を出さない公開会社や非公開会社の資金調達で金持ちになった」と書いた。私がハーバードを卒業して彼の下で働こうと決めたときには、思ってもみなかったことだ。

哀しいのは、デービスはそこまでの悪人ではなかったことだ。金曜の夜に彼の家に食事に招かれたとき、本当に温かく迎えてくれたことをよく覚えている。彼には尊敬に値するところもたくさんあった。それに私も批判できる立場にはない。

それでも、私が目にしたＤ・Ｈ・ブレアの企業文化を考えれば、当局と問題を起こしても不思議はなかった。

当時、自分がモラルの境界線にどこまで近づいていたのかはよく分からない。しかし、今、分かっているのは、一〇〇〇マイルでも近すぎるということだ。あとから考えれば、私は同僚の動機や倫理観について危険なほど無知だった。頭が良くて高学歴でも、ここまで愚かな人間がいるという強力な証明と言ってよいだろう。

私は、このビジネスで勝ちたければ、倫理基準を考えてはならないということに気づくのが遅すぎた。そのため、自分がなぜ契約が取れないのか分からず、何カ月も見当はずれのところを疑問視し、自分に何か問題があるのではないかと悩んでいた。当時の私は、環境自体が間違っていたことを理解するだけの経験も展望も持ち合わせていなかったのだ。

問題のひとつは、熾烈な競争だった。ここではみんな、もし自分がやらなければ、すぐにだれかにさらわれてしまうと思ってしまう。これは、境界線を越えてでも成功したいと思わせる完璧な環境である。ウォール街で何度となく繰り返されてきたパターンだ。こうして、野心と、欲と、傲慢さと、無知によって、頭の切れる勤勉な人たちがグレーゾーンに巻き込まれていくのである。

ただ、誤解しないでほしい。ウソや事実を曲げることをD・H・ブレアの幹部に直接指示されたことはない。その一方で、騙されやすい顧客に案件を正確に伝えないことがこの会社の大きな特徴だったことも間違いない。

例えば、会社は私が常温核融合ベンチャーのデュー・デリジェンスを行ったことは評価する。しかし、はっきりとは言わなくても、それだけでは案件をまとめるための理想的な展望が足りなかった。そこには暗黙のルールが存在していたのだ。

D・H・ブレアには、やはりウォール街で繰り返されているもうひとつのパターンもあった。みんなお金を儲けたいということだ。そのため、欲深くて無知な若い社員が境界線を越えても、上司は見て見ぬふりをしていた。リーマン・ブラザーズがレバレッジを掛けすぎ、アメリカ全土がサブプライムローンの不履行率を無視し、SACキャピタルが蔓延するインサイダートレードに目をつぶっていたのと同じことだ。

D・H・ブレアでの経験は、ウォール街のさまざまなところでこのようなことが繰り返されていることを知る助けになった。一九九〇年代後半のハイテクバブルのときは、とんでもない会社を持ち上げ、それを信じた大衆に売りつけるということが横行していた。例えば、メリルリンチのアナリストのヘンリー・ブロジェットはインターネット株の評価を底上げして大いに推奨した。それから何年かたつと、同じことが信用格付け会社で起こった。このとき、アナリストがＣＭＯ（不動産担保証券）やＣＤＯ（債務担保証券）の格付けをやみくもに上げたことが、のちに住宅ローン危機につながった。

断腸の思いをしたＤ・Ｈ・ブレアでの一八カ月は私のきれいな経歴を汚し、キャリアを台無しにした。私の履歴書も、オックスフォードとハーバードで築いてきた評判も、ちりと消えたのだ。ビジネスにおいて（特に投資の世界では）、評判がすべてと言える。Ｄ・Ｈ・ブレアでの経験は、この会社を辞めてから何年もの間、洗っても落ちない汚れのように私のなかに残った。

この本を書いている今でも、当時のことを思うと虫唾が走る。私のなかには、こんなことは書くべきではないという気持ちもある。しかし、思いもかけないようなことに簡単に巻き込まれてしまうことはだれにでもあり、悪い環境に陥ってモラルを失えば、自分の評判をひどく傷つけることになりかねないことをきちんと書いておくことも大事だと思う。環境は自分で変えられると思いたいが、実際には自分のほうが変わってしまう。だからこそ、正しい環境を注意深く選ばなければならないのである。また、仕事だけでなく、プライベートでも正しい人たちと付き合うべきだ。そして、できれば自分よりも優れた人と一緒にいれば、自分も向上できる可能性が高い。

D・H・ブレアで働いたことが、私のキャリアで最大の間違いであってほしい。ただ、ありがたいことに、私は打ちのめされなかった。「トラウマ・リビール・ザ・ルーツ・オブ・レジリエンス」（トラウマが回復の糸口になる）という記事のなかで、心理学者のダイアナ・フォーシャは「この世ではだれもが苦しみを味わう。そして、その苦しみのなかで強くなれる者もいる」というヘミングウェイの言葉を引用している。なぜ、トラウマでダメになってしまう人と、強くなれる人がいるのだろうか。

この素晴らしい質問はビジネスと投資の世界でも有効だ。ウォーレン・バフェットは、三〇代で最大の間違いのひとつを犯し、赤字の繊維工場だったバークシャー・ハサウェイに投資した。これで破滅してもおかしくなかったのに、彼はこの会社を人生の壮大な記念碑に作り替えた。それができたのは、ベンジャミン・グレアムから学んだバークシャーのような「しけもく株」を買うのをやめて、良い会社に投資することを学んだからだった。もしかしたら、D・H・ブレアは私自身の「しけもく」の時代――成長期に体験するショック症状――だったのかもしれない。

これは、打ちのめされても立ち上がった人こそ成功する、などといった古くさい自助的な考えではない。教育の大きな構成要素は、間違いから学ぶことであり、もし間違いを犯さなければ何も学べないかもしれないからだ。D・H・ブレアでの失敗が、私のバリュー投資家としての学びの大きな部分を構成していることは間違いない。

最大の教えのひとつは、自分の評判を傷つけるようなことは二度としてはならないということだった。これは、かつてバフェットも警告している――「信用を築くには二〇年かかりますが、失うのは五分とかかりません。そのことをよく考えれば、行動も変わってくるでしょう」。そして、もうひとつの教えは、あらゆることをして、仕事環境と知的環境を変えるということだった。

ウォーレン・バフェットの世界を知ったときは、命綱を見つけたような気がした。あれはある夏の日、ちょうどテレチップスの案件に出合ったころだった。当時の私は、すでに自分の人生にかなり幻滅していた。昼休みに席でサンドイッチをかじりながら仕事をしてまで出世したいという欲望はすでになくなっていたが、どうしてよいかも分からなかった。ただ、負けてすぐ逃げ出したと言われるのが怖くて会社を辞めることもできないでいた。

このころの私は、逃げ場を求めて昼休みに抜け出し、街角のスタンドで中東風のサンドイッチを買うことが多かった。そして、ワールドトレードセンターの近くのズコッティ公園に行き、そこにいる人たちと何局かチェスをするのだ。

帰りには、ウォール街からブロードウェイに出たところのビジネス専門書店に立ち寄り、本棚を眺める。この店で初めて買ったのはフランク・ファボッツィの『ボンド・マーケット、アナリシス・アンド・ストラテジース』(Bond Markets, Analysis and Strategies) だった。私は彼のＡＬＭ（資産・負債総合管理）の仕組みと債券の平均回収期間の計算方法に夢中になった。そしてしばらくは、自分が債券トレーダーになった気分にひたっていた。

投資の世界に大きな影響を与えたベンジャミン・グレアムの『**賢明なる投資家**』（パンローリング）を買ったのもこの店だった。この本は、バフェットが序文を書いていた。これも夢中で読んだ。グレアムは、株はトレードするための紙切れではなく、実在する会社の一部分として所有すべきだと熱く書いていた。また、「ミスター・マーケット」を躁うつ病患者に例えて、彼の気まぐれを利用するよう勧めていた。マーケットが恐れと欲の間を行き来するとき、投資家はその会社の本質的価値の方向を見定めて、株価と価値の差を利用すれば大きな利益を上げることができるというのだ。人には、時に真実が直感的に分かることがある。私にとって、このバリュー投資の概念は、自明であり、非常に理にかなっていた。

それからしばらくして、私はロジャー・ローウェンスタインによるバフェットの伝記である『ビジネスは人なり　投資は価値なり――ウォーレン・バフェット』（総合法令出版）を読んだ。私はバフェットの人生にすっかり魅了された。しかし、彼の生き方と自分の現在の状況はあまりにもかけ離れていた。また、私のＤ・Ｈ・ブレアにおける取引の経験と、彼の会社の精神にもあまりにも差があった。彼の会社には秩序があった。彼は、真面目に働いて暮らしている人たちをだまして怪しげな商品を売りつけたり、手数料の多くをせしめて裏で同僚を中傷したりするようなことはしていなかった。

ただ、どうすればバフェットの世界を自分の人生に取り入れることができるのかがまったく分からなかった。それでも、今の状況を抜け出し、彼に近づかなければならないとは心の底から思った。まるで、モラルの窮地に沈みかけている私を救い出すために、彼が手を差し伸べてくれているような気がしたのである。私は必死で彼にしがみついた。

本書は、私が暗闇から今いる極楽に至った道のりについて記したものである。

前に進むためには、壊れたものを修復する必要があった。しかし、自分の何が間違っているのかを解明しなければ、それを直すこともできない。そこで、私はそもそもなぜD・H・ブレアに就職したのかと考えてみた。一応、頭が良いとされている人間に、これほど見事なまでに愚かなことをさせた原因は何なのだろうか。あのとき、私にはほかにもたくさんの選択肢があったのだ。このときの探求が、私の内なる旅の始まりだった。このとき気づいたことのひとつは、象牙の塔での教育が、私を危険なほど無防備で脆弱にしていたことだった。

D・H・ブレアに就職したことは、オックスフォードとハーバードで受けた教育に対する裏切り行為だった。私は金融業界の背徳行為にうっかり加担するために世界最高の教育機関で学んできたわけではないのだ。

それでは教育が悪かったのだろうか。それとも、私がその教育に見合わなかったのだろうか。このことは私だけの問題ではないため、さらに大きな疑問がわいてきた。なぜ、一流のビジネススクールで高い教育を受けた人たちや、素晴らしい経歴の持ち主の多くが、二〇〇八～二〇〇九年の金融危機に加担し、悪化させたのだろうか。それは私たちが受けた教育が悪かったのだろうか。それとも私たちがその教育に見合わなかったのだろうか。これらの疑問に対する適切な答えは、経済を破壊した権力者たちを輩出してきた一流大学では得ることができなかった。

たとえ私に答える資格がなかったとしても、これらは重要な問いかけだった。私の人生で起こっていることは、さまざまな意味で、同年代の仲間たちに起こっていることの極端な例だったからだ。同級生の多くが、自分の知識と能力にとてつもない自信を持って金融の世界に飛び込んだはずなのに、そこが利益よりも害をもたらすようなところだったことを発見していたのである。

心をかき乱す真実を明かせば、エリート教育にも極めて不利な要素があった。私は、学校教育を終えてから一〇年くらいそのことが分かっていなかった。かなりの期間、多少目をつぶって流れに身を任せ、人生で最も生産的な時期の一部を無駄にしてしまったのだ。私と似たような教育を受けた人は、計画を見直し、基本的な考え方を変えたほうがよいのかもしれない。

投資家としての私に最も大きな影響を与えたのは、モニッシュ・パブライ（『**ダンドー**』［パンローリング］の著者）だった。彼はインド系アメリカ人で、私よりもはるかに高いリターンを上げていた。彼はオックスフォードやハーバードではなく、サウスカロライナ州にあるクレムソン大学を卒業している。彼と私がウォーレン・バフェットとのチャリティー昼食会に参加したとき、バフェット（かつてハーバード・ビジネス・スクールに不合格だった）は私たちの学歴など気にはとめていなかった。

ただ、誤解しないでほしい。オックスフォードやハーバードは素晴らしいところで、私たちの文明に途方もなく貢献していることは大いに評価している。ただ、それをもてはやしてしまうと、その不利な点を見逃すことになる。もしこれらの大学について手厳しいことを書いたとしても、それは愛着があるゆえであり、けなすよりもそこから構築していきたいという思いからだということを理解してほしい。

問題の一端は、きちんとした教育を受けていても、学問を追求するだけでは長期的な成功の妨げになりかねないということにある。実際の世界で必要なのはＦ１用のフェラーリよりも、さまざまな環境に適応できる丈夫なジープのほうなのである。

このことを説明するため、私の経歴をもう少し書いておこう。私はロンドン市フリーメンズ・スクール（もともとは孤児のために作られた独立系の高校）からオックスフォード大学に進学した。両親は名門校だと聞いて私をこの高校に入学させたが、実際はあまり評判の良くない詰め込み教育をするところだった。教育方針は、多くの生徒を良い大学に送り込むことを意図して決められていた。素晴らしい先生も少しはいた。しかし、ほとんどは幅広い教育をするよりも、Ａレベル（共通試験）や入試で良い成績を上げるための分析ばかりしていた。生徒は能力別クラスにふり分けられ、高得点を上げるための勉強をさせられた。

私はオックスフォードを数学、物理、国語で受験した。そして、高校のやり方はうまくいった。私は非常によく訓練されていたため、ある科目でひどい読み違いをしてしまったが、それでもオックスフォード大学ブレーズノーズ・カレッジ法学部に合格したのだ。

大学に入学してみると、周りは幅広い教育を受け、私が知らない知識を持った学生ばかりだった。私は法律の勉強も、法哲学も好きだったが、毎週大量の判例を勉強しなければならないのは辛かった。イギリスの慣習法というのは驚くべき科目だ。しかし、ほんの七年前にイギリスに移住してきて、イギリスの社会や歴史に関する知識も乏しかった一八歳にはそうは思えなかった。私は、ボタンを押すと地球上の慣習法の学術書がすべて焼却される夢を何度も見た。長い間、繰り返し見る夢は無視すべきではないと思う。

この経験をブレーズノーズの友人のアンドリュー・フェルドマン（今では保守党の会長を務めるアンドリュー・フェルドマン卿）のそれと比べてみよう。彼はイギリス史と世界史の膨大な知識を持っており、現在でも過去でもその時代に適した法律を設定することができた。彼にとって、法律は彼がすでに学んできたすべてを表す興味深い縮図だった。しかし、それは私にとって扱いにくい判例の泥沼でしかなかった。私は試験勉強はしたが、彼のように大きな枠組みで考えることはできなかった。ここには大事な教訓がある。素晴らしい学校と素晴らしい教育プログラムがあるだけでは十分ではない。大事なのは、そのプログラムがその段階での学生に必要とされ適合しているかどうかなのである。当時の私に、法律の勉強はまったく適合していなかった。

このような不満を抱えていたころ、私はいつも大学の中庭ですれちがうブレーズノーズ経済学部のピーター・シンクレア教授のことが気になり始めた。彼はみんなにもそうだが、私にもいつも優しく微笑んでくれた。彼に会った人はだれでも、何て親切な人だろうと感じる。二年目を終えたある日、私は目を覚ますと同時に、もうこれ以上法律の勉強はできないことを悟った。避けられない力が込み上げてきて、考える余地はなかった。

人生において、これほど明確な瞬間はめったにないが、その直感に従うべきかどうかは、私のごく親しい人たちの間でも意見が分かれるところだ。私は、自分の内面に浸透する理由のない信念は、たとえそれを説明できなくても重視すべきだと思う。私がそれまで受けた教育は、このような説明し難い直感や切望の価値を否定し、極端に合理的な分析を重視するものだった。しかし、私たちは心の奥底の感情も尊重しなければならないと思う。これは、ジョージ・ソロスが背中の鋭い痛みに耳を傾け、ポートフォリオの「どこかに間違いがある」ことを知らせるシグナルにしていることと似ていなくもない。どこまでが心で、どこからが身体なのかはだれにも分からないのだ。

このようにはっきりと確信する感覚は、妻のローリーと結婚するときにもあった。全身全霊で、彼女と一緒にいるべきだと感じたのだ。また、バリュー投資と出合ったときもこのような絶対的な感覚を持った。自分にとってこれが正しい道だと思ったのではなく、ただ分かったのだ。きっとウォーレン・バフェットもこのようにして、ほぼ無意識のうちに極めて複雑な分析をしながら投資判断を下しているのだろう。

だれでも人生に何回か、このような瞬間がある。そのときは、行動する勇気を持つことも必要だと思う。

話を元にもどすと、私はシンクレア教授の研究室を訪ね、ＰＰＥ（哲学、政治学、経済学）コースで経済学を勉強できないかと聞いた。彼がそのときなぜイエスと言って私の進路変更を助けてくれたのかは今でもよく分からない。しかし、私の人生最大の転機を可能にしてくれた教授への感謝が消えることはない。ＰＰＥで学び始めると、私は世の中とのつながりが感じられるようになった。ここでの勉強は、仰々しい判例を読み込むのではなく、その日の見出しの背景に何があるのかを深く掘り下げていくようなことだった。私は、ジョセフ・キャンベルの「至上の幸福に従え」を実践するとこうなるのかと思った。新しい道が開け、生きる喜びが感じられた。

しかし、すぐにまた苦しみが始まった。経済学の勉強は非常に楽しかったが、二年間、政治と哲学と経済の勉強をまったくしていなかったため、授業についていけなかったのである。私は、何カ月もしないうちに、成績が改善しなければ退学もあり得ると警告された。オックスフォードで非常に恐れられている「放校」である。

私は自分のあまりの無知に絶望的になりながら、それなりのレポートを書くために毎日徹夜で勉強した。自分がみんなよりもどれほど遅れをとっているかは分かっていた。クラスメートのひとりに、のちにイギリス首相になるデビッド・キャメロンがいた。彼は聡明で、話がうまく、イートン校（超名門寄宿学校）で十分な準備を積んでいた。彼はイギリスの歴史や政治に詳しかったため、チュートリアル（少人数のクラス）で彼を前にして発言するときはいつも腰が引けた。教授たちも一目置くほどの彼と比べて、私は何も知らなかった。

学生たちは、バーノン・ボグダノール教授（著名な憲法学者で、女王や首相のアドバイザーも務めている）の政治学のチュートリアルにおけるキャメロンの博識ぶりをからかうことがあった。キャメロンと教授は、ビクトリア朝で首相を務めたグラッドストンとディズリーレのどちらが優れたリーダーだったのかについて、いつも議論を交わしていたようだ。そのような話を聞くと、イギリスの歴史も政治制度の基本もほとんど理解していなかった私はいたたまれない気持ちになった。

そこで、私は自分が得意な科目に集中することにした。私は政治哲学が大好きで、ジョン・ロールズの正義論やそのほかの深遠なテーマについてならば何時間でも議論し、語ることができた。放校になって、この大学には値しない愚か者だと思われたくないという一心で、私は不安を隠し、知的に見えるよう必死で勉強した。私は、この並外れて頭が良い同級生たちに認められ、一目置かれたいと心から思った。オックスフォードは、自分が優位になるようなことがあれば楽しいが、劣っていれば辛いところだ。

当時の私は、ウォーレン・バフェットが言うところの「外なるスコアカード」に従い、みんなの承認と評価を求めて勉強していたが、それをしていると簡単に間違った方向に流されてしまうことがある。ちなみに、これは投資家にとっても危険な弱点となる。大衆は冷静な分析ではなく、非合理的な恐れや欲に動かされるからだ。オックスフォードのような特権的な学びの環境は、人を外部のスコアカードで判断するような傾向が強く、みんなの承認を得ることが重視されていた。

私は成長の段階で深刻な欠点を身に付けてしまったため、それをのちに発見し、直さなければならなかった。バリュー投資というのは、自分の道を行かなければならない。バリュー投資を追求することは、みんなが間違っていることを見つけ、その誤解を利用して利益を上げることに尽きるからだ。しかし、それをするためには、自分を「内なるスコアカード」で評価するように変わらなければならない。

良い投資家になるためには、自分を異端者として認める必要がある。もしかしたら、本当のゴールは、みんなに認められることではなく、自分自身を認められるようになることなのかもしれない。

もちろん、当時の私にそんなことは分からなかった。そのため、私はこの排他的な学問の世界のルールを極めることに集中した。機転を利かせ、鋭い言葉で素早く答えることで、同級生や教授の注目を集めようとしたのだ。実は、今でもストレスがかかったり不安になったりすると、つい知力で圧倒するような態度をとってしまうことがある。苦労して身につけたこのスキルが、大学などの限られた知的エリートの世界でしか役に立たないことを知るのは、もっとあとになってからだ。ちなみに、モニッシュ・パブライのような人は、他人を圧倒するようなことはしない。しかし、彼のやり方は私のそれよりも賢いし、彼が学んだことのほうが、現実の世界ではるかに実用的で効果的だ。

実際、ロールズの正義論を学び、その精粋さをたたえたとしても、Ｄ・Ｈ・ブレアの秩序のなさが分からなければまったく意味がない。そして、やっと自ら墓穴を掘ったことに気づいてからも、自分を奮い立たせてそこから這い出すまでに無駄に何カ月もかけてしまった。なぜ立派な教育を受けたのに、Ｄ・Ｈ・ブレアからすぐに逃げ出すべきだという常識と道徳的勇気を持ち合わせていなかったのだろうか。

一流大学は、たくさんの賢い人たちを輩出している。それでも、私を含めて、愚かなことや不道徳なことを選択してしまう人がたくさんいる。エリート教育を受けたにもかかわらず、非道な投資銀行や証券会社、格付け会社、保証保険会社、住宅ローン会社などから逃げ出すことができなかった同級生がたくさんいるのだ。大学側も、これについて考えてみるのは無駄ではないと思う。

オックスフォードで経済学を学んだことで、少なくとも専門知識と論理的な考え方は身についた。そのあと、分析と、さまざまな経済政策の意味を探り当てることもできるようになった。

このような専門的な知識は、知的な優雅さがあるだけでなく、経済発展をもたらす政策を知りたい人にとっては実用的で計り知れないほど重要でもある。しかし、経済理論のなかには、優雅ではあっても、現実の世界ではまったく使えないものもある。私にはそれを厳しく見極める力がなかったし、そのような異端的な考えに報いるような学術的環境でもなかった。そのため、私は何も考えずにそれらをすべて受け入れてしまった。

現実とかけ離れた最も重要な例が、効率的市場仮説である。これは世界の仕組みを考えるうえで強力かつ理論的に便利な仮定ではある。この仮説では、金融市場の価格には市場参加者が利用可能なすべての情報が織り込まれている、としている。投資家にとっては、大きな影響力がある理論だ。しかし、もしこれが本当ならば、価格のアノマリーは瞬時にアービトラージされるため、割安株は存在しないことになる。

つまり、現実の世界でこれは正しくない。しかし、私はそれが分かるまでに一〇年かかった。経済学部で履修したことは非常に価値あることが多かったため、どれも同じくらい有効だと思い込んでいたのだ。私が、レポートの評価を上げるための努力ばかりして、現実の世界の問題を解決する訓練をしてこなかったことも問題だった。教授たちが、効率的市場仮説が本当に現実を反映しているのかという問いかけをしなかったため、私はこれをまったく疑問視していなかったのである。

そして、この仮説を頑固に信じきっていた私は、それから何年かあとにハーバード・ビジネス・スクールを訪れたウォーレン・バフェットを初めて見かけたとき、何の興味も持たなかった。当時の私は、マーケットが効率的ならば、割安株を探すことなど無駄だと思っていたのだ。成績を上げることばかり考え、偏狭な考え方しかできなくなっていた私は、目の前にある大事なことに気づくことができなかったのである。

このときの私にも、さらに大きな問題の兆候が見える。自分の頭で考えることを教えるために設立されたはずの大学が学生の考えを閉ざし、損害を与える可能性さえあるということだ。このことについては、チャーリー・マンガーも、一九九五年にハーバード大学法科大学院で行った「判断を誤る二四の標準的な理由」という講演のなかで語っている。彼はこのことを、B・F・スキナー（行動分析を提唱した著名な心理学者）の例を挙げて説明した。その時代の心理学者はスキナーの影響で、反証があったにもかかわらず、みんな行動主義を信奉するようになった。そして、スキナーが亡くなってやっと状況が変わったのだという。マンガーは「科学は葬式のたびに進歩する」と笑いをとった。

オックスフォードでの私は、自分が基本的なところで間違っていたことなどどうでもよかった。そして、現実の世界を無視していたにもかかわらず、経済学部を首席で卒業した。冷静に考えれば、これは懸念すべきことだった。しかし、このときの自信と傲慢さはとどまるところを知らなかった。

ピカピカの資格を手にした私は、ブラクストン・アソシエーツという戦略コンサルティング会社で割りの良い仕事を見つけた。この会社の幹部は全員がハーバード・ビジネス・スクール出身だったので、私も何年か働いたところで願書を出し、合格した。

ハーバードの講義は、ビジネス現場のケーススタディーを徹底的に学ぶことだった。世界はこう動くはずだという理論ではなく、実際に起こったことについて現実的に議論することに集中的に取り組むのだ。このようなリーダー教育の手法は、ケーススタディーごとに提示される新しい事実や状況を分析して役に立つ経験を積むことができるため、オックスフォードモデルよりも強力で実践的だった。ただ、ハーバードで私の思い上がりはさらにひどくなった。インド系の人の言い方をまねれば、私は「トッパー」(トップの人のこと)であり、素晴らしい経歴があれば、当然、素晴らしい生活が待っていると思っていたのだ。

ハーバードでの最初の学期に、ウォーレン・バフェットの講演があった。しかし無知で傲慢な私は、すぐにただの幸運な投機家だと切り捨てた。結局、私がオックスフォードで学んだ論理モデルによれば、効率的なマーケットで割安株を探すのは明らかに無意味な行為だったからだ。バフェットがまさに非効率的なマーケットを利用して富を築いたことを認めることは、私にとってそれまで苦労して身に付けた学術的モデルをすべて捨て去ることだった。そこで私は、理論が事実と反するときにみんながすることをした。つまり、事実を捨てて理論に固執したのだ。もしあのとき彼と話す機会があれば、「私は効率的市場について確固たる意見を持っていますから、おかしな事実で混乱させないでください」とでも言ったかもしれない。

実を言えば、私は講演会場にいただけで、話をまったく聞いていなかった。私が好きだった一つ上の学年の女性が前の晩に別のクラスメートとデートしたことに腹を立てていたからだった。バフェットの講演中は席にもついておらず、彼の言葉も一言も覚えていない。

これは、当時の私にとって、もろいエゴのほうが学びのチャンスよりもはるかに重要だったということを思い出させる滑稽なエピソードとなった。反対に、バフェットがあれほど成功した理由のひとつは、彼が常に学び、向上しようとし続けているからだと思う。マンガーの言葉を借りれば、「ウォーレンは、さまざまな意味で若かったころよりも七〇代、八〇代のほうが良くなっている。学び続けることは、素晴らしい冒険をしているのと同じことだ」。しかし、当時の私はこのチャンスをまったく無駄にしてしまった。

それでも、格言どおり「学ぶ準備ができたとき、師が現れる」となった。それから四年後、ウォーレン・バフェットが私の人生に再び現れたのだ。偶然、『賢明なる投資家』の序文に彼の名前を見つけた私は、ローウェンスタインによるバフェットの伝記を読んでみたのだ。

このとき、私はＤ・Ｈ・ブレアで苦しんでいた。傲慢さは影をひそめ、ハーバード時代ならあり得なかったことだが、バフェットの教えに耳を傾けようという気持ちになっていたのだ。そのうえ、Ｄ・Ｈ・ブレアでの経験によって傷つき、謙虚になっていた私は、それまで信じていたことを再検証せずにはいられなくなっていた。これこそ逆境の正しい使い方と言ってよいだろう。

皮肉な見方をすれば、D・H・ブレアに就職したことは人生で最悪の判断だったが、恩恵もあった。傷ついたことで私は心を開くことができたし、この経験から一流大学の教室や中庭ではけっして学ぶことができない教訓も得た。逆説的に言えば、D・H・ブレアは私がこの仕事を始めるための完璧な場所だったのかもしれない。ウォール街の間違っているところをすべてありのままに隠さず見せてくれたからだ。狭い私利のためには真実も歪め、顧客に尽くすのではなく利用するという態度を、私は間近で目にしたのだ。

しかも最悪だったのは、ゴールドマン・サックスやJ・P・モルガンといったエリート投資銀行でも状況があまり変わらないことだった。ただし、彼らの顧客対応はうわべはしっかりしていた。

ウォーレン・バフェットの投資原則を理解し始めると、私は成功する方法がほかにもあることに気づいた。そして、その発見が私の人生を変えたのである。

D・H・ブレアを辞めた私は、なかなか次の仕事が見つからなかった。私のピカピカだった履歴書には、拭うことのできない汚点がついてしまった。私はD・H・ブレアに入るときに、誤って「疑わしきは罰せず」という判断を下したが、将来の雇い主候補は当然ながら、そうは見てくれなかった。

立派な履歴書のおかげで、ゴールドマン・サックスやサンフォード・バーンスタイン、クレディ・スイス・ファースト・ボストンなどといった一流投資銀行でも面接までは進んだ。しかし、私は傷物で、だれも私を雇ってはくれなかった。D・H・ブレアの評判を知っているウォール街の関係者は、私のことを何も分からないバカ者か、良識の境界線を積極的に超える危険な輩のどちらかだと見ていたのだろう。いずれにしても、私とはかかわりたくなかったのだ。

不採用が続くと、落胆が大きくなっていった。脳の奥の感情の深いところで、「不採用」「仕事が見つからない」といった言葉は「失敗」「腐敗」といった言葉とつながっていた。私は本当に世間から避けられているような気持ちになっていった。そして、私には内なる批評家もいた。私の頭のなかでは、「なぜ、こんなことをしているんだ。どうにもならないではないか」という声が聞こえていた。マイナス思考のつぶやきのなかには、「まただ。おまえは能無しだ。いつも失敗している。おまえなんか金融業界で絶対に成功できない」などといったひどいものもあった。

しかし、やがて私はその状態から抜け出し、気持ちを立て直し始めた。そのときのきっかけは私だけのことかもしれないが、その過程は行き詰まって前進する道を探し求めている人の参考になると思う。このとき、私がすべきだったことは、自分を教育し直すことだった。さらに言えば、むしろそれまでの教育を捨て去ることだった。

きっかけは、まったく予想外のことだった。自己啓発のカリスマであるトニー・ロビンズに出会ったのだ。彼の名前は、スタンフォード大学で博士号を修得した非常に賢いスイス人カップルとの会話に出てきた。経済と金融の深い知識を有していると自負していた私は、自分の知識を鼻にかけ、それまでロビンズのような人たちのことなど考えたこともなかった。私のような高学歴の人間が、この粗野なアメリカ人から価値ある教えを受けることなどあるわけがないと思っていたのだ。

もしこのカップルが高学歴のヨーロッパ人でなければ、私はロビンズについて調べようとは思わなかっただろう。認めたくはないが、当時の私の知的価値への理解はそれほど浅かった。

私が得た最初の知恵は、このような狭い偏見を捨て去るということで、そうしてやっとみんなから学ぶことができるようになった。

ある週末、私はサンフランシスコでのんびりしようと計画していた。しかし、スイス人の友人のダイアナ・ウェイスがロビンズのセミナーがあるから、そこに行けば人生が変わるかもしれないと教えてくれた。セミナーのタイトルは、「内面の力を解き放つ」だった。私は根拠のない不信感でいっぱいではあったが、それまでの自分から何とか抜け出して、参加してみた。

今考えれば、これは人生の賢い選択だった。それ以来、私はよく分からないが大きなメリットがあるかもしれない選択肢があるとき、それをしてきた。いつも見返りがあるわけではないが、時には莫大な恩恵が得られることもあるからだ。そして、宝くじと同様、何回も引けば当たりが出る可能性も高くなる。これは、パブライが著書の『ダンドー』（パンローリング）で紹介している強力な哲学の応用例でもある。彼の言葉を借りれば、「コインの表なら勝ち、裏でもあまり負けない」。

私はサンフランシスコの中心部から外れたコンベンションセンターを見回しながら、自分はいったい何をしているのだろうかと思った。そこには二〇〇〇人の観客が集まっていて、カルトの集会と見まごうばかりだった。ロビンズというのは、どんな自己啓発の山師で、どんな負け犬たちが彼にすがってきているのだろうか。

ロビンズは、カリフォルニアによくいるがっしりした人物という印象だった。しかし、身長が二メートルを超える彼がエネルギッシュに話し始めると、それは聞き手に染み渡っていった。そして、観客の多くは飛び跳ねながら「イエス、イエス、イエス、私には善なる力が宿っている」「ステップアップ、ステップアップ、ステップアップ」などと叫んでいた。

これを見て、私の頭のなかで警告が鳴った。ロビンズは、ただの下手なプレーヤーで、自分の持ち時間の間、気取ったり怒ったりしているだけなのだろうか。あるいは、ただのバカが大声で怒りを込めて自分の話をしているだけで、何の意味もないのだろうか。私は後ろのほうの席で観客の騒ぎにはほとんど参加せずに眺めていた。しかし、数時間がたつと、いつの間にかこれは自分にとって意味のあることかもしれないと思い始めていた。

ロビンズが私の心をとらえた理由のひとつは、彼が自分の動機を率直に語ったからだった。彼は観客に向かって「私もみなさんと同じアメリカ人です。つまり、私の目的は幸せになることと、成功することと、できるかぎり良い人生を送ることです。そして、みなさんの多くと同じように、私もたくさん稼いで金持ちになりたいと思っています。今よりも裕福になりたいです。私の収入の大きな割合を占めるのは、このようなセミナーを開くことです。もちろんお金も稼ぎたいですが、私はそれ以上に人助けが好きです。そして、自分がみなさんの助けになることを教えることができ、それには今日のチケット代以上の価値があることが分かっています」と語った。

これは、心を込めて誠実に語ることで得た信頼の力を示す好例だった。彼が自身の利益を素直に認めたことで、私も彼のことを疑わしくても善意に解釈してみようと思ったのだ。私は最後まで話を聞くことにした。

私の最初の懸念は、ある意味正しかった。ロビンズのセミナーは、一種の洗脳だったからだ。叫んだり、何度も繰り返したりすると、その教えはたいてい頭に叩き込まれる。しかし、この手法は、宗教の原理主義者や政治の過激派などに利用されるという危険性もある。とはいえ、このときは、成功して良い人生を送る助けになる良い洗脳だった。そして、私にはそれが必要だった。

意識が変わると変化が起こり、ロビンズが私たちに叫ばせる前向きのフレーズが、私の意識を再構成する強力なツールになっていった。あれ以来、未来はまずはイメージすることから始めるべきだ、と思うことがよくある。

人の意識の力についての忘れられない説明は、セミナーの最初の夜にあった。ロビンズは、私たちを瞬く間に強烈な喜びと強い決意が混ざったムードに変えてしまった。そして、この変性意識状態で会場の外の芝生に移動し、靴と靴下を脱いで赤々と燃える石炭の上を歩いたのだ。やけどをしない理由については合理的にも科学的にも説明できない。しかし、これは、私を含めた多くの参加者にとって、変革を促す体験となった。これが終わると、みんなの目つきが変わっていた。新たな火と情熱が灯っていたのだ。そして、私もそのひとりだった。

でたらめだと思う人もいるだろうが、この約六メートルの火渡りは、自分の限界をブレイクして、もっと良い現実を作り出せるということを象徴する出来事だった。ロビンズの「人生は一瞬で変えることができる」という教えを、体験して理解したのだ。そして、不可能だと思っていた目標が、頭と体と魂をすべてつぎ込めば十分可能だと思えるようになった。

オックスフォードの経験主義的な教授たち（私の論理的思考を鍛えてくれた人たち）は、このやる気を引き出す講演者が私に与えた影響をきっと面白がり、同時に困惑するだろう。しかし、学校教育によって仕事で行き詰まってしまった当時の私にとって、これはまさに必要な教えだった。

この講演でロビンズは、何かをしたければ、それがどんなことでも、行き詰まっていても、「とにかくやれ、行動を起こせ、何でもいいからやってみろ」ということを私に叩き込んでくれた。そんなことは当たり前だと思う人も多いだろう。私だってそう思っていた。しかし、分析まひに近かった当時の私には、行動するよりも、本に書いてある理論を語るほうが楽だった。ロビンズの教えは、そんな私のマイナス思考のパターンを断ち切り、恐れを乗り越えて行動を起こさなければならないと強く思わせてくれたのである。

一九一〇年、セオドア・ルーズベルトはパリで聴衆に向かって「批評家の言うことなどどうでもよい。彼らは強いのに失敗しただとか、もっと功績がある人にやらせたほうがうまくいったはずだなどとあげつらうだけの輩だ。称賛すべきは、実際に戦いの場に立ち、埃と汗と血にまみれながら戦う者なのだ」と語った。

ロビンズによって心を開かれた私は、さまざまな自己啓発のカリスマの本を読み始めた。ロビンズのセミナーに参加する前は、『人を動かす』（創元社）などといったタイトルを見てもあきれるだけだった。しかし、著者のデール・カーネギーについては、ウォーレン・バフェットも非常に助けになったと評価している。実際、バフェットが自分の事務所に唯一飾っている終了証のたぐいは「効果的な話し方と、リーダーシップの取り方と、人を動かす技術の研修を修了した」ことを示す証明書なのである。また、以前の私は、プレム・ワスタ（大成功している投資会社フェアファックス・ファイナンシャル・ホールディングスのＣＥＯ［最高経営責任者］で「カナダのウォーレン・バフェット」と称されることも多い投資家）を魅了した、ナポレオン・ヒルの『思考は現実化する』（きこ書房）にもまったく興味がなかった。

これらの本は、しばらくの間、私の人生の指導書となった。パーティーでインテリぶるためではなく、自分の人生に導入できるアイデアを探すために読んでいたのだ。ここには、人間の本質や、世界が実際にどのように動いているのかを考えるための実用的な方法が書いてあり、それはバリュー投資家やビジネスマンとしての学びの第一歩となる重要な教えだった。

例えば、カーネギーはだれかに何かを説得するならば、相手の利益を強調することが最善策だと説明している。また、話し掛けるときは相手の名前を呼ぶことや、相手に関心を持っていることを示すことが重要だとも書いている。このような簡単な洞察が、私の人との接し方を変える助けになった。以前の私は、自分の知性をちらつかせて、自分がいかに頭が良いか、あるいは合理的かをアピールしていた。残念ながら、これはあまり頭が良い方法とは言えない。

私は、成功を目指し、自己啓発の教えを意識的に使って自分自身を洗脳し始めた。自分自身や他人への話し方も変えた。例えば、「気分が悪い」と言わずに「気分が良くなるのを楽しみに待つ」と言うのである。陳腐な方法に見えるかもしれないが、私たちの気持ちは自分が集中しているほうに向いていくため、前向きの姿勢でいることはとても大事なのである。学校は知性を養うことに集中するあまり、より幸福で生産的な人生を送るための単純な方法に目を向けていないようだ。

これらのことを学ぶと同時に、私はこのマンネリ状態から抜け出すための行動を起こし始めた。ニューヨーク証券アナリスト（安全分析）協会の会員になり、ワールドトレードセンターで行われていた昼休みの講義に参加し始めたのだ。講義に遅れないようズコッティ公園を急いで横切る私には、もうチェスをする暇はなかった。

また、ベンジャミン・グレアム式の「ネットネット」株を検索するためのソフトを米国個人投資家協会から買った。そして、このソフトを使ってポートフォリオを組み立て、エクセルに毎週株価を入力していった。私は、自分が組み立てたポートフォリオの多くが、マーケットをはるかに上回るパフォーマンスを上げていたことに興奮した。

また、有料のバリューラインを申し込み、新株について研究した。そうこうするなかで、バーリントン・コート・ファクトリーという会社が目に留まった。割安なのに、長期的に財務内容が良かったからだ。これが生まれて初めて買った株だった。株はトレードするための紙切れではなく、会社の一部を所有しているしるしだというグレアムの洞察に魅了されていた私は、この会社のニューヨーク支店とオマハ支店に行ってみた。このときは、実際のビジネスに投資した本物の資本家の気分を味わい、興奮した。当時の私はまだほとんど何も知らなかったが、結局、この株は何年か保有したあと売却して多少の利益を得た。

このころ、私はバフェットに代表されるような知的かつ誠実に運用している少数のバリュー投資家の存在に気づいた。彼らは、D・H・ブレアで出会った人たちとは正反対のタイプ、つまり過剰な宣伝を控え、株主の長期的な利益に貢献することに集中している投資家たちだった。私は彼らの世界（エコシステム）に入りたいと激しく思った。この種の会社のなかでも、特に印象に残ったのが、一九二〇年創業のトゥイーディー・ブラウンだった。

私はこのようなところで働きたいと願った。そこで、私はこの会社が運用している二つの投資信託を何株か買い、マンハッタンにある彼らの会社を見学できないかと聞いた。私は、あわよくばこの会社に雇ってほしいと思っていたが、彼らはアナリスト（少なくとも私のような）を募集していなかった。それでもこの神聖な場所を歩くのはワクワクした。かつて、バフェットの旧友のウォルター・シュロスが何十年もここで働き、桁外れのリターンを上げていたことを知っていたからだ。

私は再び不採用の痛みを味わった。しかし、彼らはバフェットがかつて書いた「グレアム・

ドット村のスーパー投資家たち」というエッセイのコピーをくれた。帰宅してそれを読んだ私は、セコイア・ファンドを運用するルーアン・カニフという大手バリュー投資ファンドも並外れた実績を上げていることを知った。この会社は、バフェットが一九六九年に投資パートナーシップを解散して株主に資金を払い戻したときに、新たな投資先として推奨した二つのファンドのうちのひとつだった。セコイアは一九七〇年の設立以来、三万八八一九％のリターンを上げている（同期間のS&P五〇〇のリターンは八九一六％）。

そこで、私はこの会社に仕事を求めて手紙を出すと、ディレクターでこの会社のパートナーの娘でもあるカーリー・カニフから会社訪問の誘いを受けた。私は彼女に畏敬の念を抱いていた。グレアムやバフェットや投資に関する知的な話題が食卓で交わされるような世界で育ち、自身も優れたアナリストになった人物なのである。

カーリー・カニフは二〇〇五年に亡くなったが、寛大で親切な人だった。求人も私にできることもないことは明らかだったのに、彼女は会社のなかを案内して同僚たちに紹介してくれた。彼女の心遣いに私はとても感動した。そして、私に価値ある人生の教訓を授けてくれた。仕事を始めたばかりの人には、たとえその人が何も返すことができなくても親切にすべきだということである。彼女は、この駆け出しのバリュー投資家に「疑わしきは罰せず」の態度で接してくれて、彼女ができる範囲のことをしてくれた。

私が軌道を外れないための方法のひとつは、セコイア・ファンドを買うことだった。そうすれば、毎年ニューヨーク・アスレチック・クラブで開催されるこの会社の年次総会に出席できる。ただ、このファンドは新規顧客の募集を何年も停止していた。そこで、私はイーベイに出ていた一株を五〇〇ドルで落札した。ちなみに、このときの純資産価値は一二八ドルだった。私はその後も機会があればこの株を積み増していった。これは一生保有し続けるつもりだ。

セコイア・ファンドは継続的に高いパフォーマンスを上げると考えてはいたが、私の目的は儲けることではなかった。私は、どのような形でも、尊敬に値する人たちとかかわっておきたかったのだ。あとで詳しく述べるが、正しい環境やネットワークを作っておけば、戦いの場を少しだけ自分に有利に傾けることができ、成功確率を高めることができる。優位はたいていほんのわずかなステップの積み重ねによって得ることができる。ルーアン・カニフのような会社がある世界に身を置くことが、違いを生むのである。

セコイアの株主総会の参加者の多くは、バークシャー・ハサウェイの株主でもあり、時にはバークシャーの幹部が出席していることもあった。そのおかげで、私はルー・シンプソンに出会った。かつてバフェットに「私の知るかぎり最高（の投資家）」と言わしめ、ＧＥＩＣＯの株式投資を任せていた人物である。

私の再教育においてもうひとつの礎となったのは、バフェットの投資戦略を猛烈に勉強したことだった。これについては、バークシャー・ハサウェイの年次報告書を読むことに勝る方法はなかった。インターネットがまだなかった当時、私はバークシャーに電話で送付を依頼した。

何日かして、私にとって初めてのバークシャーの年次報告書が、手書きの宛名の封筒に入って届いた。これは啓示だった。

私はD・H・ブレアで事業計画書をたくさん見てきたが、それらはみんな必ず上昇するホッケースティック曲線のグラフや予想が載っていた。しかし、バークシャーの年次報告書は表紙が無地で、目玉はバフェットが株主に向けて書いた手紙だった。これは率直で、飾り気はないが、分かりやすい手紙だった。報告書には、バークシャーの簿価の年間の推移を示す表も載っていた。この報告書は、純粋に情報のみを提供するもので、統計でごまかしたり、真実を上質の紙ときれいな写真で覆い隠したりするようなことはしていなかった。

こんな年次報告書はそれまで見たことがなかった。これは、正当な理由で読もうとしている株主にとって魅力的な作りになっていた。私はそれまで、ビジネスの世界で関心を集めたければ、隣の人よりも大声で叫ぶしかないと思っていた。しかし、バフェットは、騒音に惑わされない人たちと心を通わせていた。

私は、バークシャーの過去の報告書を何回も読み返すうちに、物事をバフェットの視点で考えるようになっていった。変に聞こえるかもしれないが、彼がしそうな行動をとると、彼が微笑んでいるような気がしたし、脱線すると彼がそっぽをむいてしまうような気がした。しかし、これは偶像崇拝ではない。私は、自分がまだ習得していない真実をすでに発見している師を選んだのである。

そこには、投資と言う狭い世界をはるかに超えた知恵があった。これから書くことは、私が何十年もかけて学んだりつまずいたりしながら発見したことのなかで最も重要な秘密かもしれない。もしこの教えを本当に実行できれば、それ以外に書いたことをすべて無視したとしても、それまでよりもはるかに良い人生が送れると私は確信している。

彼のような人生を送る方法を必死で探すうちに私がたどりついた結論は、いつもこう自問することだった。「この場合、ウォーレン・バフェットならどうするだろうか」

私はこの質問を、カフェでカプチーノを飲みながら漫然と考えていたわけではない。自分の机に座って、自分がバフェットだと積極的にイメージしながら自問していたのだ。もし彼がこの状況にあれば、最初に何をするだろうか。

ロビンズは、この過程を自分のヒーローの「モデリング」と説明していた。ここでカギとなるのは、できるだけ正確かつ詳細に、その人を思い浮かべることである。これと似たテクニックに、「マッチングとミラーリング」もある。後者はほかの人と動きばかりか呼吸まで合わせていく。私の経験では、それをすると相手の気持ちを感じられるようになり、同じような考え方ができるようになる。

変に聞こえるかもしれないが、模倣は人間の進化を促す最も強力な方法のひとつなのである。子供が親から学ぶ様子を思い浮かべてみてほしい。これが人間の本能だとすれば、モデルを注意深く選ぶことが非常に重要になる。実は、モデルは生存していなくてもよい。チャーリー・

マンガーは、「正しい考えを持つ優れた人ならば、故人であってもその人と一緒に人生を歩むことで」モデルになり得ると言っている。

幸い、これは科学の本ではないので、根拠を（仮にあったとしても）科学的に証明したり説明したりする必要はない。ただ、私の主観ではあるが、この方法は私にはうまくいったと断言する。バフェットのまねを始めてから、私の人生は変わった。まるで、自分の周波数が変わったような感じだった。私の行動も変わり、もう行き詰まってはいなかった。

さて、このような洞察は、どのように応用できるのだろうか。メンターの助言が重要だということは分かっている。学生や若い職業人はメンターを持つべきだとよく言われるし、年を重ねればだれかのメンターになるべきだとも言われる。もし、ヒーローが身近にいればそれも良いだろう。私の場合は違った。D・H・ブレアを辞め、汚れた私からの電話をバフェットが常にオマハの事務所で待っていてくれるわけではないからだ。ありがたいことに、それでも問題はなかった。彼について徹底的に学ぶことで、彼の教えのすべて、もしくは多くを習得し、彼が私の立場ならばどうするかを想像することができたからだ。

私は、自分がバフェットになったつもりで、彼のポートフォリオの会社についても調べ始めた。これらの会社を彼の目を通して見て、彼がそれを所有した理由を理解したかったからだ。そこで、私はこれらの会社の年次報告書も集めた（コカ・コーラ、キャピタル・シティーズ／ABC、アメリカン・エキスプレス、ジレットなど）。不思議なことに、このときもまたバフェット（あるいは神かもしれない）が微笑んでくれているような気がした。

そして、年次報告書が届き始めた。私はキャピタル・シティーズ／ＡＢＣのレポートを読んだときのことをはっきりと覚えている。それまで私はこれほど成功したメディア会社の数字を詳しく見たことがなかった。キャッシュフロー計算書を見たときは、自分の目を疑った。この会社には現金がうなるほどあり、損益計算書を見ても、この現金製造マシンのような会社の力を疑う要素はまったくなかったのだ。それまで投資銀行で分析してきた会社の多くは、赤字か、収益力を過大報告していた。私は、再びＭＢＡの学生になったような気分だった。

そのあと、私はバークシャー・ハサウェイの株主総会に行ってみることにした。友人の友人がこの会社の株主で、その人を通して入場券を入手した私はオマハに飛んだ。このとき、そこでどんな出会いがあるかなど考えもしなかった。

バフェットの事務所があるキーウイット・プラザに向かう私の胸は高鳴った。ここであの魔法が起こっているのだ。レンタカーで彼の家の前を通ってみるという子供じみたこともした。感じは良いが目立たない家だった。それから、彼が好きなゴラット・ステーキ・ハウスで、やはり初めてオマハを訪れたバークシャーの株主たちと食事もした。神と契約を交わし、砂漠を越え、紅海を渡って、約束の地を見つけたと言ったところだろう。

この年、オマハで二つの非常に思い出深い出会いがあった。ひとりはローズ・ブラムキンだ。ロシア系ユダヤ人移民の彼女は、一九三七年に兄弟から借りた五〇〇ドルでネブラスカ・ファニチャー・マートを創業した。彼女はこの店をアメリカ最大の家具・インテリア会社に育て上げ、一九八三年にバークシャーが九〇％の株式を五五〇〇万ドルで買った。バフェットはこのとき、帳簿も見ずに、握手だけでこの買収を決めた。彼はのちに、ブラムキンについて「名門ビジネススクールの首席卒業者や、フォーチュン五〇〇企業のＣＥＯと同じ条件で競っても、彼女が圧勝するでしょう」と語っている。

私がミセスＢ（ブラムキンの愛称）と会ったとき、彼女は一〇一歳の有名人だった。そして、彼女にはとどまることのないパワーがあった。電動カートに乗った小柄な彼女の周りにはファンが大勢いたが、彼女は明らかに退屈していた。しばらくして話し掛けるチャンスが巡ってきたので、私は彼女の目をまっすぐ見て、「あなたがカーペットを売っているとウォーレンに聞いたのですが、安くしてくれますか」と聞いた。彼女の目が光り、「ふーん、あんたは本当の客かい、それともほかのみんなみたいに世間話をしに来たのかい」と答えた。

その瞬間、バフェットが彼女を崇拝している理由が分かった。彼女は常に仕事のことを考えており、極めて率直だった。ミセスＢは九五歳のときに引退したが、すぐに仕事に復帰したという。モットーは「安く売り、本当のことを伝え、だれもだまさない」である。私がバフェットとかかわりたいと思ったように、彼はミセスＢのような人とかかわりたかったのだろう。バフェットは、何十年もかけて、自分が望む環境を作り上げていった。私はまだそれに取り掛かったばかりだが、自分がどのような人とかかわりたいかは分かり始めていた。

もうひとつの出会いは、賢人その人で、あれは株主総会が始まる直前だった。私がトイレに入ろうとすると、出てきたのがバフェット本人だったのだ。彼は笑顔で「始まる前はいつも緊張しますよ」と言って、立ち去っていった。

前回、ハーバードの学生としてバフェットを見かけたとき、私は話を聞こうともしなかった。しかし、今回はトイレから出てきた彼を見ただけで興奮してしまった。

私は漠然と、これほど成功している人は遠い存在なのだろうと思っていた。まったく知らない人間に、親しく普通に話しかけてくれるなどとは思ってもみなかったのだ。しかし、この短い出会いで、私は彼の株主に対する善意を見た気がした。もちろん、株主総会の間も、ごまかしも気取りもないいつもどおりの彼だった。

私はロビンズとバフェットに触発され、自分にもチャンスはあると思えるようになっていった。すべての扉が閉ざされているのではなく、前に進むこともできるのだと思えてきたのだ。私はバリュー投資のことで頭がいっぱいで、株式アナリストとして働くことを望んでいた。しかし、仕事は見つからなかった。

そんなある日、父がロンドンの実家から電話を掛けてきて、彼の資金を運用しないかと言ってきた。一九九六年のことだった。当時、Ｄ・Ｈ・ブレアの汚点がついた私を信じてくれたのは、おそらく父だけだった。ドイツからイスラエルへ来た移民の両親の下で生まれた父のサイモン・スピアは、農作物を保護するための製品の取引と流通を手掛けるアクアマリン・ケミカルズという会社を創業し、小さいながらも成功していた。私が投資に魅了されていくのを見ていた父は、「ガイ、今、自分で殻を破らなければ、おかしくなってしまうぞ」と言った。

その言葉に背中を押されて、私は動き始めた。父は私に約一〇〇万ドルを託してくれた。そして、一年もたたないうちに資金を追加し、このとき父の仕事のパートナーの二人も私に投資してくれた。その結果、初期の運用資産は約一五〇〇万ドルになった。私は家業に何らかの形で加わった気分で、この資金にアクアマリン・ファンドという名前を付けた。そして、一九九七年九月一五日に運用を始めた。

私は長い間、このあたりの事情を隠すか、あいまいにしたいと思っていた。自分の実績は自分だけの力によるものだと言いたかったし、父の手助けによってファンドを始めたのは卑怯な気もしたからだ。私はこのチャンスに感謝していたが、その責任におじけづいてもいた。ただバフェットにあこがれていただけの私が、ほんの二～三年で、父が一生をかけて貯めたお金の大部分と友人や親戚の資産を運用することになったのだ。

ただ、このような支援はあっても、私が成功する可能性は低かった。ヘッジファンドのほとんどが、一八カ月以内に破綻しているし、規模のメリットが生かせるだけの十分な資産がないと運用は難しいからだ。私は、経費を削減するため、ニューヨークの自宅アパートでファンドの運用をすることにした。

始めたころの利益はかなり控えめだった。しかし、私はこれこそ自分がしたかったことだと感じていた。ただ、本当の勝負はここからだ。それまで学んできた理論を使って、長期的にマーケットを上回るリターンという難しい目標を達成できるのだろうか。

このようにして、私は友人や家族のための資金運用を始めた。このとき、私は三〇歳になっていたが、まだあまり経験はなかった。しかし、いくつか正しいことをした。そのなかのひとつが、避けるべきことを把握することだった。

ウォーレン・バフェットは、よくヘンリー・フォードの言葉を引用して、すべての卵をひとつの籠に入れ、それをよく見張っておくことが大事だと語っている。しかし、私がウォール街で何度も目にして愕然としたことのひとつは、たくさんの卵をたくさんの籠に入れておくことだった。非常に信頼できる信託会社でさえ、複数のファンドを販売していた。運用成績が良いファンドは、販売にお金をかけ、投資家からより多くの資金を集めることができる。一方、成績が悪いファンドは閉鎖するか、好成績のファンドに統合される。そうすれば、失敗はまるでなかったことのように葬り去られ、成功だけが注目されることになる。

同じようなことは、Ｄ・Ｈ・ブレアでもあった。ブローカーがさまざまな顧客にさまざまな株を勧めるのだ。そうすれば、失敗する顧客もいるが、成功した顧客にはさらに別の銘柄を勧めることができる。同様に、投資ニュースレターの発行人のなかには、送付リストを分割して、顧客によってタイトルを変え、別の予想を送っている人もいる。そうすれば、うまくいったほうを実績とすることができるからだ。

私は昔も今も、このような策略には嫌悪感を持っている。そのため、自分はずっとひとつのファンドを運用して、たったひとつの実績のみを掲げていこうと決心していた。もしファンドの長期パフォーマンスが悪ければ、みんながそれを知ることになり、私に逃げ場はない。

また、家族のお金をほかの投資家の資金と同じファンドで運用することも、同じくらい大事だと思っている。実際、私は自分の正味資産のほぼ一〇〇%をアクアマリン・ファンドに投資している。文字どおり、自分の食いぶちは自分で稼いでいるのだ。このように、自分と株主の利害が一致することは、計り知れないほど重要だ。これはただの売り口上ではない。こうすれば、少なくとも注意が分散することなく、ひとつのポートフォリオに集中できるため、単純に良い投資ができる。このやり方は、何十年にもわたって投資のすべてのエネルギーをバークシャー・ハサウェイのみに注いできたバフェットを意識的に手本にした。

ただ、バフェットから苦労して学んだ原則を逸脱したところもあった。例えば手数料は、バフェットがバークシャーを買収する前に運用していた投資パートナーシップの手数料体系をただまねすべきだったのに、そうはしなかった。バフェットのパートナーシップでは、年間管理料は課さずに、利益が六％のハードルを超えたとき、その四分の一を手数料として得ていた。これは非常に珍しい手数料体系だが、投資家とその株主の利害が最も一致するやり方だと思う。まさに、投資家からではなく、投資家と共に利益を上げるという原則を具現化した方法と言ってよいだろう。うまく運用しなければ、ファンドマネジャーの収入はないのだ。

しかし、私はアクアマリン・ファンドの運用開始にあたり、ニューヨークのヘッジファンドの標準的な手数料体系を用いた。つまり、年間一％の管理手数料（パフォーマンスに関係なく）に加えて、利益の二〇％を徴収することにしたのだ。

理由は、ファンドを立ち上げたとき、当然ながら弁護士や、ブローカーや、そのほかの顧問がどうすべきかを口々に言ってきたからだ。彼らにすれば、バフェットが一九五〇年代に行っていた型破りな手数料体系を採用するなど奇抜なことでしかなかった。彼らは私を守るため、安定した収入が必要で、まったく予測がつかない成功報酬で生計を立てることなど不可能だと私を説得した。彼らには、この一％－二〇％の手数料体系だと、私と投資家の利益が若干ずれてしまうことが分かっていなかった。このときは彼らに押し切られてしまったが、今思えば、もっと自己主張すべきだった。

私は、バフェットが資金の解約を年一回に制限していることもまねしたかった。これによって、ファンドマネジャーは長期的な投資ができ、それは投資家の利益にもなるからだ。また、こうすれば運用成績やいつ売却すべきかを常に気にしている必要がないため、投資家の心理的負担も減らすことができる。結局、何もしないことと忍耐が投資家にとって最も賢い選択肢であることはよくある。私自身も、自分が保有する株の値動きを頻繁にチェックしていると長期投資に集中するのが難しくなるため、毎日（あるいは毎週）は見ないほうがよいと思っている。

いずれにしても、私の顧問たちは、このような解約方針はバカげていると考えていた。そして、三〇日前に申し出れば解約できるようにするよう主張した。しかし、そうするとファンドマネジャーは常に投資家が資金を引き揚げてしまう心配をしていなければならない。ちなみに、二〇〇八年にマーケットが暴落したとき、この構造上の欠陥が大きな弱点となることが証明された。

自分の主張を堅持できないまま、私は降参し、ニューヨークのヘッジファンドでよく使われている手数料体系を受け入れた。周囲の制度的な環境が抵抗することを難しくしていた。誠意は持っていたが、よくある落とし穴――群衆には逆らうよりも一緒に進むほうが簡単――にはまったのである。私は理想の体制を作ることができなかったのに、これが「業界の標準」だと知って誤った安心感を覚えた。

バフェットのパートナーシップの体制をできるかぎりまねしたほうがはるかに良かったことを理解したのは、のちにモニッシュ・パブライと出会ったときだった。そして、そのあと金融危機に見舞われたときに、そのことを再認識した。このような誤った妥協は大罪だ。自分の投資人生を振り返ると、オマハで学んだ実績ある知恵からすぐに遠ざかってしまったことについては非常に心が痛む。

当時、私はオマハに移住しようかとも考えたが、ニューヨークにはさまざまな人脈があって離れたくなかった。それでも、運用を始めて最初の何年かはニューヨークの投資家やウォール街とはなるべく距離を置いていた。私は西六六丁目の二間のアパートで孤独を楽しんでいた。そのあと三回引っ越しをしたが、自宅兼事務所という状況は変わらなかった。

このなかのひとつが、西五八丁目のアパートで、近所にはモニカ・ルインスキーが住んでいた。また、西五五丁目に住んでいたときは、近くにジェットブルー航空創業者のデビッド・ニールマンが住んでいた。彼も、私と同じ注意欠陥障害（ＡＤＤ）を持っていると読んだことがある。それでも彼は会社を興し、成功していた。私はこのことにとても力づけられた。彼が同じ建物に住んでいることで、特異な考え方をする自分もそれを乗り越えられるのだと何回も思うことができた。投資家はみんな短所を持っている。しかし、カギとなるのは自分自身を受け入れ、それぞれの人の違いと限界を理解し、それに対処することだと、だんだん分かってきた。

この時期、プロらしい事務所はなかったが、人生はうまくいっていた。ファンドの規模はまだ小さかったが、妥当な投資リターンが上がっていた。パフォーマンスを牽引していた銘柄のひとつは、七倍に値上がりしたダフ・アンド・フェルプス・クレジット・レーティングだった。これは、バフェットから学んだ条件に完璧に当てはまる会社だった。安くて、拡大している「堀」に囲まれていて、現金をたくさん持っていたのだ。

一九九〇年代にみんながテクノロジーバブルに巻き込まれたとき、私が難を逃れたのは、冷静な投資家（バフェット、ルーアン・カニフ、トゥイーディー・ブラウン）の流れを汲んでいたからだろう。ここでも、環境が知性に勝ることが証明された。

五年がたち、私のファンドはマーケットを大きく上回るパフォーマンスを上げていた。そして、少しずつではあるが、蓄えを託してくれる外部の投資家も増えてきていた。アクアマリン・ファンドの運用資産は五〇〇〇万ドルを超え、私の名前も知られるようになっていった。私はウォール街に興味はなかったが、ウォール街のほうが私に興味を持ち始めた。これは少し有難迷惑だった。

私は、何かしら私を利用したいさまざまな人から注目されるようになった。弁護士やアナリストの仕事を求めてくる人もいれば、私に高額な投資用の調査サービスを売りつけたい人、私のブローカーになりたい人、私のファンドを販売したい人もいた。

彼らは、私が次のクリス・ホーンやビル・アックマン（投資業界において私の世代の最も輝くスターとして、急速に認知度が上がっていた二人）になることを期待していた。こういう連中は、私が期待を裏切らなければ（希望的観測）、簡単に儲けられると踏んでいた。実は、ホーンとアックマンは同時期にハーバード・ビジネス・スクールで学んだ仲なので、同類だと見られたのだと思う。

私は危険なほど浮かれてしまった。しかも、このように注目されると、投資銀行に入ったばかりのころ以来感じることがなかった競争心とテストストロンが湧き上がってきた。もしマーケティングのプロや、意欲的なアナリストや、弁護士や、ブローカーが、私をホーンやアックマンと比較しているのならば、私もそれに乗ってみたらよいのではないだろうか。なかには、私は五〇〇〇万ドルなどではなく五〇億ドルを運用すべきだとおだてる人もいた。私は人としてどこかがおかしくなっていった。

当時、アックマンとホーンはどんどん力をつけていた。そして、素晴らしい実績を背景に、何十億ドルもの資金を運用しており、それと比べれば私の運用額など足元にも及ばなかった。私はすぐに資金と名声を強く欲するようになった。嫉妬深い怪物が私を乗っ取り、彼らへの羨望で頭がいっぱいになってしまったのだ。

当時のさまざまな困難をかなり簡単にまとめてみたが、ニューヨークで私を巻き込んだ渦がどのようなものだったかは分かってもらえたと思う。それまで私は、あれほど心の底からうらやましいと思ったことはなかった。当時はその自覚すらなかったが、私は嫉妬していたのだろう。

バフェットとマンガーは、嫉妬は七つの大罪のなかで唯一楽しくないものだと笑っている。マンガーはさらに、「嫉妬すると正気を失う。百パーセント破壊的で、……若いうちに排除することができれば、人生はもっとうまくいく」とも言っている。

私は、嫉妬は危険だと分かっていながら見過ごしてしまう感情だと思う。金融マーケットにおいて、嫉妬は物言わぬ殺し屋で、自分に正直になっていればしないような行動に人を駆り立てる。例えば、あきれるほど過大評価されたハイテク株で友人が大儲けしたが、バブル崩壊直前に売り抜けたとする。このようなとき、私たちは自分のなかで膨らんだ感情を認識することが重要だ。それが私たちの判断をゆがめ、合理的な判断を下す能力を混乱させる元凶だからだ。ユダヤ教の古い格言を引用すれば、「強い人とは、自分の感情を支配できる人である」。

ベンジャミン・グレアムは、ミスター・マーケットの不合理さを非常にうまく描いている。しかし、私たちはこの不合理さが、私たちに組み込まれたあまりにも人間らしい部分だということも理解しておかなければならない。私がバリュー投資家として学んだ最も重要なことは、自分のなかの感情的な弱さに気づくということで、そうすれば、それに対処するための戦略を立てて破綻を回避することができる（詳しくは後述する）。そして、この自己補正の過程は、自己認識から始まる。

このことが重要なのは、投資が私たちの心の断層（お金や権力や地位に対する欲望でも、そのほかの欠陥でも）をさらけ出してしまうからである。嫉妬は、当時の私の最大の弱点だった。私はトップ一％どころか、そのなかの一％に入っていて幸せだったはずだった。時代を支配し、十分な生活費を稼ぎ、好きなときに休暇をとることもできた。やりたくない仕事を引き受けてくれる人たちもいた。

しかし、ニューヨークやロンドンのようなところでは、必ず自分よりもうまくいっている人たちがいることが問題だった。私の事務所には、天井から床までの一枚ガラスの窓や、マンハッタンのスカイラインを一望するパノラマビューはなかった。クリス・ホーンがロンドンのメイフェアのヘッジファンドの中心地に構えている優雅な事務所にはとうていかなわなかったのだ。また、アッパーウエストサイド（高所得者が住む地区）の素敵な通りにある美しい自宅も、緑豊かなセントラルパークが望めるビル・アックマンの家にはかなわなかった。

私はヘッジファンドという戦いで勝ちたいと思った。正しいかどうかは別として、自分は彼らと同じくらい賢いつもりだったし、自分がトップにいないという思いが私のなかでくすぶっていた。うまくいっているだけでは、満足できなかったのだ。

そこで、私は自ら営業を始めたが、やり方が分からなかった。たまに話をきいてくれる投資家がいても、緊張して大学時代のような行動に戻ってしまい、相手に感銘を与えようと早口で次々とアイデアをまくしたててしまったのだ。オックスフォードのチュートリアルのころのように、相手が圧倒され、メリットを感じてくれることを願って「ケタリス・パリブス」（ほかの条件が同じならば）「サイニ・クエ・ナン」（必須条件）などといったラテン語の言葉を交えて話すなどということもした。

しかし、本当はエゴによる愚かな背伸びなどする必要はなかった。ファンドはうまくいっていたし、家族のお金もかなり投資していたのだから、外部の投資家を誘うのに時間を浪費している場合ではなかった。当時の私は、アックマンやホーンに嫉妬し、彼らのように何億、何十億ドルもの資金を運用できる人間だということを示したくて道を見失いかけていた。今考えれば、こんなことをするよりも、最高の株を選ぶことに時間を使い、パフォーマンスで示せば良かったのである。

私は、ほかにも同じくらいバカげたニューヨークの渦に巻き込まれていった。まず、カーネギーホール・タワーに豪華な事務所を借り、年間の賃料は六万ドルから二五万ドルに跳ね上がった。また、年間二万ドルもするブルームバーグの端末（情報業界におけるクラックコカインのようなもの）も借りた。さらに、ＣＯＯ（最高執行責任者）とアナリストと高給取りの弁護士も雇った。嫉妬とプライドは、高くつく欠陥となった。

しかし、これは単にほかの人の承認を得る以外の効果もあった。成功の証しを手に入れた気分にさせてくれたのだ。私は自分がトップにいると感じたいがために、ずっと見当違いの偶像を追いかけていた。このとき、父が賢明にも聞いてくれた。「なぜこんなことをしているのかい。なぜ、ヘッジファンドマネジャーのまねをしているのかい」

幸い、私は正しいこともたくさんしていた。特に、投資家の資金で博打をしなかったことは良かった。バフェットの教え――投資の第一のルールは「資金を失わないこと」、第二のルールは「第一のルールを忘れないこと」――を守っていたからだ。比較的リスク回避型の投資をしていたことも、ファンドにとっては良かった（特にハイテクバブルが崩壊したときは）。ただ、うまくいったことを長々と語るよりも、間違ったことのほうが参考になると思う。マンガーの言葉を借りれば、「自分が完全な愚か者だと認めている人が好きだ。間違いを経験したほうが、うまくいくことは分かっている。このことを知っておくと非常に役に立つ」。

ニューヨークで過ごしたこの時期に関しては、後悔していることがたくさんある。しかし、私は特大の利益をもたらすある決断をした。「マスターマインド」グループ、つまり一生の友人かつ信頼できる相談相手になってくれる投資家のなかに身を置くことにしたのである。自分ひとりの力だけで成功するのは、不可能でないとしても非常に難しい。最高のオペラ歌手にも声楽の先生がいる。超一流のテニスプレーヤーのロジャー・フェデラーにもコーチがいる。そして、バフェットにも定期的に会っている同じ考えを持つ人たちがいるのだ。

私たちは「ポス」（仲間という意味）と名付けたフォーラムを作り、毎週一回、株式について話し合った。メンバーは、デビッド・アイゲン、ケン・シュービン・スタイン、シュテファン・ローゼン、グレン・トングなどを含む投資家で、時にはビル・アックマンも顔を出した。この会を通して、**『グリーンブラット投資法』**や**『株デビューする前に知っておくべき「魔法の公式」』**（いずれもパンローリング）の著者のジョエル・グリーンブラットとも知り合い、バリュー・インベスター・クラブの会員にもなった。ポスでは週一回朝に行われる会合で、担当メンバーが株のアイデアを紹介することになっており、それについてみんなで議論したり分析したりした。この会合で得た知識は、教科書やビジネススクールで学んだことをはるかに上回っていた。私たちは、投資について学んだだけでなく、お互いについても深く理解し、それぞれの好き嫌いも分かっていた。

　ポスの会合は友情を育み、そのこと自体が報酬になっていた。また、純粋に投資の観点から見ても、お互いを理解したうえでの結びつきが競争力になっていた。もし私がポスのみんなにアイデアを話すと、彼らの言うことも大事だが、彼らをよく知る私は、彼らの示す情報を評価することができる。それぞれが、それぞれの偏見や情報処理の仕方を知っていることはとても重要だった。

　ポスが私を救ってくれたときのことはよく覚えている。ほかの見方にも目を向けることのメリットを教えてくれたのだ。

　このとき、私はある素晴らしい会社を見つけたと思っていた。名前はファーマー・マックだ。私が投資先を調べる方法のひとつに、同じ分野の主要な銘柄を調べたうえで、その銘柄を買うべきなのか、それとも同じ特長を持ったさらに良い銘柄にすべきなのかを選ぶという方法がある。当時、バフェットは相当数のフレディ・マックとファニー・メイを保有していた。ちなみに、この二社はいずれ破綻することになるが、その時点では素晴らしい会社だと言われていた。二社の主な資産は暗黙の信頼で、アメリカ政府の支援と信用の下、実質的に無リスクのレートで借り入れをしていた。そこで、私は同様の利点を持つ会社を探し、ファーマー・マックを見つけた。政府が出資する農業関連の小さな会社だ。これを見つけたとき、私は前の二社と同じタイプのまだ発見されていない宝石を見つけたと思った。

二〇〇三年、私はこの会社の幹部に、ポスの集まりで会社の紹介をしてほしいと依頼した。この会には著名なヘッジファンドマネジャーで、本の作者で、テレビで解説もしているウイットニー・ティルソンも参加していた。彼はこの集まりのあと、友人のビル・アックマンにこの話をしていた。アックマンは、ハーバード卒業後にゴッサム・パートナースを設立した素晴らしいアナリストで、ほかの投資家が見逃す点を見つける並外れた才能の持ち主だった。

何週間かして、アックマンがポスの朝食会のあと、私を隅に呼んで「ガイ、ちょっと話があるんだ」と言った。彼がいつも楽しげに独身の友人たちの仲を取り持っていることを知っていた私は、きっとデートの相手を紹介してくれるのだろうと思った。ところが、話はファーマー・マックのことだった。私がこの株を買っていることを聞いていたからだ。実は、私がこの会社に関心を持っているとティルソンに聞いたアックマンは、朝四時までかかってこの会社を調べあげた。そして翌日、ティルソンに電話をして、「これまでで最もすごいチャンス」を教えてくれたことに礼を述べた。しかし、彼はこの株を買ってはいなかった。空売りしていたのだ。つまり、彼はファーマー・マックがいずれ内部崩壊すると確信していたのである。

私たちがミッドタウンにある彼の事務所まで二〇ブロックほど歩く間に、アックマンは私が見落としているであろうことと、彼が大量に空売りした理由を説明してくれた。彼は、この株が暴落するだけでなく、ゼロになると考えていた。また、ファーマー・マックがフレディ・マックやファニー・メイとは違う理由も教えてくれた。私は気分が悪くなってきた。彼の話を完全に理解できていない私は、誘われるまま彼の事務所に行った。驚いたことに、そこにはファーマー・マック関連の一〇年分以上の資料が棚いっぱいに並んでいた。しかも、それらは書き込みや付箋でいっぱいだった。そのほかに、この会社の証券化に関するファイルもあった。

それらは一見すると、フレディ・マックやファニー・メイが行っている証券化と何ら変わりはなかった。しかし、アックマンによれば、実際はかなり違うということだった。フレディ・マックやファニー・メイの場合、証券化の対象になるのは、何百もしくは何千もの似たような一戸建て住宅である。しかし、ファーマー・マックの場合、その内容は少数の農家のローンで、その種類も千差万別だった。そのため、彼はこれが証券化が可能な資産ではなく、むしろ通常の企業向け貸し出しと同じだと考えていた。確かに、このローンパッケージは見かけよりもはるかにリスクが高く、この会社が破綻する可能性は十分あった。

話の途中で、私は「だけどこれは政府の出資会社だよ。アメリカ政府の一部門と言ってもいいくらいだ」と言ってみた。するとアックマンは言った。「ガイ、君はわが国の機関を信用しすぎだよ」

昼休みが近づいていた。私はここに残ってもっと彼から学びたい気持ちと、急いで事務所に戻ってこの株を売りたいという衝動のはざまにあった。そのころには、ファーマー・マックを所有するだけの理解がまったくなかったことは明らかだった。このときのことは、私にとって重要な体験となった。分析の方向を間違って、致命的な見落としをしてしまうことはよくある。

だからこそ、自分が間違っている可能性があることを常に忘れてはならないのである。バフェットとのチャリティー昼食会のとき、投資分析について彼が真剣な顔で「私はけっして間違わないんですよ」と言った。彼の場合、それは本当（もしくはほぼ本当）かもしれない。しかし、ヘッジファンドマネジャーのリサ・ラプアーノの言葉を借りれば、「私もあなたもウォーレン・バフェットではないのよ」。

その日、私はこのポジションの三分の二を売却した。そして翌日、残りも売った。幸運なことに、売却益を得ることができた。

そのあと、私はファーマー・マックのＣＥＯ（最高執行責任者）とＣＦＯ（最高財務責任者）に会うことにした。ある秋雨の午後、私はペンステーション（ニューヨークの長距離列車の駅）でアックマンとティルソンと落ち合い、アセラ線でファーマー・マックの本部があるワシントンＤＣに向かった。経営陣は、通常の投資家向けプレゼンテーションを用意して待っていた。フレディ・マック、ファニー・メイとの表面的な類似点を強調したものだ。スライドを一～二枚見たところで、アックマンが手を上げて言った。「概要説明はけっこうです。いくつか質問させてください」

彼は、前に私に話してくれた点を指摘した。しかし、経営陣はアックマンの質問に答えられない、あるいは答えようとせず、明らかに気分を害していた。しばらくすると、ＣＥＯが「当社はあなた方の期待に沿える会社ではないようです」と言った。私は、より説得力のある話が聞けなかったことにショックを受けた。

一週間後、私はこの株を空売りした。私は人生で三回しか空売りしたことがないが、このときがその一回だった。空売りは、どうも性格的に合わない。しかし、このときは経営陣の反応を見て、アックマンが正しいことを確信した。そのあと、彼がこの会社の四半期ごとの電話会議から外されたことを教えてくれた。

私は、格闘技にも似た株の空売りにのめり込んだ。この会社の電話会議に参加し、彼らの弱点を浮き彫りにするような質問をした。彼らの説明に隠れたリスクをほかの投資家にも知らせようと決意していたのだ。ニューヨーク・タイムズ紙のインタビューも受け、懸念を指摘した。これらは正当かつ重要な点で、この会社が見かけよりもリスクが高いことを投資家は知る権利があると思ったからだ。私の態度は義憤（あるいは独り善がりだったかもしれない）にあふれていたが、それによって私の評判が上がったとは言えなかった。

あとから考えれば、私は自分の道を見失って、狭量な暴君のように振る舞っていた。私の投資家としての目的は投資家の資金を増やすことで、不要な戦いをしたり、モラルの勇者になったりすることではない。私は、この会社に投資したいファンドマネジャーを批判するつもりはないし、それは私の人生の役割でもない。当時の行動は、自ら集中を妨げ、評価を下げただけだった。

それから間もなく、私は当然の報いを受けた。ウォール・ストリート・ジャーナル紙が、一部のヘッジファンドマネジャーが結託して空売りした株の株価を操作している可能性があるという記事を掲載したのだ。対象となった会社のなかには、ＭＢＩＡ、アライド・キャピタル、ファーマー・マックなどが含まれていた。当時のニューヨーク州司法長官エリオット・スピッツァーと、ＳＥＣ（証券取引委員会）がそれぞれ動き出した。彼らは、記事に名前が挙がっていたファンドマネジャーがこれらの会社のデマを流すのにかかわっていないかを調べていた。

私も、アックマンや著名なヘッジファンドマネジャーのデビッド・アインホーン（『黒の株券』［パンローリング］の著者）などとともに話を聞かれた。結局、調査は行き詰まったが、当局の求めに応じてさまざまな情報を探し、提出しなければならなかったため、この件は高くついただけでなく大きなストレスをもたらした。金融危機になると、三社とも株価は崩壊し、アックマンの分析が実証された。そして、彼も私もファーマー・マックの空売りで大きな利益を上げた。

この件で利益が上がったとはいえ、あのときはただ売って終わりにすればよかったと今でも思う。このような対立で浪費する時間はないし、頭痛の種に見合う投資利益だったとも思えない。おかしく聞こえるかもしれないが、他人を非難したり、攻撃的な振る舞いをしたりすれば、結局は自分に跳ね返ってくることが多い。私の経験から言えば、辛い戦いに意味なく巻き込まれるよりも、前向きに、人のためになることをしたほうがうまくいく。長年にわたり他人を摘発してきたのちに、自ら不名誉を招いたエリオット・スピッツァーは、同じ真実を見いだしたのだろうか。

私は、単純で、精神衛生上良い道を見つけることができた。ニューヨークでは軌道から逸れることもあったが、いくつかの不要なイライラに巻き込まれるのは回避できた。そして、自分に豪華な事務所は不要だということも分かった。自分が大物だと他人や自分に誇示するため、ファンドの資産額を増やす必要もなかった。そして、空売りしたときの不安やささくれだった気持ちも必要なかった。

要するに、私は自分にとって何がうまくいかないのかを十分感じとれるようになっていたのだ。しかし、まだまだ良い方法はあるはずだった。それから間もなく、私を正しい方向に導く手助けをしてくれた二人の投資の達人に出会うことを、このときはまだ知らなかった。

私が投資家になって最初の何年間は、スーパースターになって、みんなに自分の才能を認めてもらいたいと思っていた。そして、そのためにはもともと苦手な営業もする必要があるということが分かってきた。私は、自分自身をより効率的に売り込むための方法を模索し始めた。すると、不思議で思いがけない結果が待っていた。マーケティングについて学ぶことで、人として変わっていき、そのうちに自分自身を売り込むことなどどうでもよくなってきたのだ。

マーケティングはハーバードでも勉強した。しかし、私にとってこの分野の本当の学びが始まったのは、セコイア・ファンドの株主総会に出席したときだった。このとき、私は愉快なアメリカ人ビジネスマンのジョン・リヒターと仲良くなった。彼は、バークシャー・ハサウェイとセコイアの両方に投資していた。彼は私に、チャーリー・マンガーがハーバードで講演した「判断を誤る二四の標準的な理由」を収録したCDをくれた。

私はすぐに、これがほかのどこでも手に入らない知恵の大鉱脈であることに気づき、とにかく繰り返し聞いた。このＣＤはトニー・ロビンズのＣＤに取って代わり、それから一八カ月間、私の車にある唯一のＣＤだった。マンガーは、驚くべき思考の持ち主だった。彼と会ったことがあるモニッシュ・パブライからも、マンガーは彼が知るなかで最も頭の良い人物で、バフェットよりも賢いとのちに聞くことになる。しかも、マンガーはさまざまな分野に精通しており、心理学や経済やビジネスなどの知識から抽出した内容を統合した彼の話に、私は圧倒された。

例えば、彼は「極めて明白な証拠」が私たちの思考をゆがめるということについて語っている。ハイテク株が異常に高騰しているときに、ある投資家がヤフーが急騰しているのを見たり、ＣＮＢＣでインターネット関連株でみんなが儲けていると聞いたりしたとする。すると、その人の爬虫類脳（生き残りを最優先にする部分）が、非合理的にこの極めて明白な証拠に反応してしまい、株価がもはやその会社の本質的価値を反映していないことが理解できなくなる。この原始的な思考（すべての人の脳の奥深くに組み込まれている）は、野獣や大火を目の前にした石器時代の人の役には立つが、株式市場の微妙な変化を分析するときにはまったく適していない。

また、マンガーはいくつかの誤った判断が重なったときに起こる「ロラパルーザ効果」（驚くべき効果）についても語っている。例えば、友人や親戚がインターネット株で大金を稼いでいるのを見ると、それは「社会的証明」になり、この投資は素晴らしい賭けということになり、一万匹のレミング、つまりみんなの行動が間違っているわけはないという結論に達する。そこに、懇意にしているブローカーから電話があり、この種の株を勧められる。感じの良いブローカーだし、私たちには「返報性の傾向」があるため、勧めを断るのはますます難しくなる。

考えをゆがめるほどのロラパルーザには、投資を始めたばかりの素人だけでなく、プロの投資家でさえ抵抗し難いことがある。自分だけは影響を受けないと思うかもしれないが、この力は非常に強力で、私たちの判断力をどんどん蝕んでいく。ちなみに、ここに挙げたのは私たちをつまずかせる誤った判断のほんのいくつかにすぎない。実際にはほかにもたくさんあるし、それらが同時に起こることもよくある。

マンガーの話から、思考が与える影響を理解するヒントを得ると、私にも自分の周りのパターンが見え始めた。さらに、マンガーの話から得たもうひとつの重要な情報が、著名な社会心理学者で、『影響力の正体――説得のカラクリを心理学があばく』（ＳＢクリエイティブ株式会社）の著者でもあるロバート・チャルディーニの存在だった。マンガーは、独自に編み出した人の心理に関する「粗削りなシステム」を用いていたが、チャルディーニの本を読んで「さまざまな空白が埋まった」と語っていた。

毎年、五月の最初の週末に、私はオマハで行われるバークシャーの株主総会を巡礼する。そして、たいていは会場近くのオマハ・マリオットに宿泊することにしている。このホテルでは、株主総会の前夜にマンガーが個人的な夕食会を催している。私はロビーをうろついて、多方面のゲスト（ビル・ゲイツ、アジット・ジェイン、ロバート・チャルディーニなど）が通るのを驚きとともに眺めることにしている。こうすると、私のなかでチャルディーニの重要性が改めて高まる。私は彼の本を何回も読み返し、彼の教えを意識的に繰り返し頭に叩き込んだ。

彼の本のなかでも私が最も大きな影響を受けたのは、シボレーのセールスマンであるジョー・ジラードのエピソードだった。ジラードは、自分の顧客にグリーティングカード（季節の挨拶状）を何千枚も送り、そのカードには彼の名前と「好意を込めて」というメッセージが書かれていた。この個人的な友好表現は、信じられないほどの効果があった。ジラードは、一五年間で一万三〇〇一台の車を販売したとして、ギネスブックに載ったのである。チャルディーニは、「人は驚くほどお世辞に弱く」「称賛の言葉とそれを言った人を信じる傾向がある」と書いている。

私は驚いた。本当にそんな単純なことなのだろうか。本当にこの「好意」の原則を利用するだけでよいのだろうか。極端に考える傾向がある私は、もしこれがうまくいくのならば、少しではなく、徹底的にやってみようと思った。そこで、私は平日に必ず三通、つまり一週間に一五通手紙を書くことにした。最初は、感謝の手紙から始めた。素晴らしい講演だったこと、投資家向けの手紙を送ってくれたこと、レストランが素晴らしい食事を提供してくれたこと、会議に招いてくれたことなどについて礼状を出したのだ。また、誕生日カードも送った。相手が関心を持ちそうな調査レポートや、本や、記事なども送った。実際に会った相手には、その礼状も送った。

チャルディーニの本を読んだのと同じころ、私は偶然、レーガン元大統領の手紙を多数掲載している本を見つけた。彼も、驚くほどさまざまな人たちに手紙を書いており、そのどれもが相手のことを心から思って書いているように見えた。彼は、手紙でジョークを引用したり、助言をしたり、懸念を表明したり、子供たちを励ましたりしていたのだ。私はこれを読んで、彼の成功の秘訣のひとつを見た気がした。知的な大統領と呼ばれることはあまりなかったが、レーガンは他人を気遣い、それを手紙を通して伝える達人だったのだ。もしこの方法が大統領にも、車のナンバーワンセールスマンにもうまくいったのならば、私にも何らかの効果があるに違いない。

最初、私の手紙作戦は、業績向上を意図した計算づくの行動だった。明確な効果も期待していた。しかし、実際に始めてみるととても良い気分で、前向きな気持ちになれることがクセになってきた。そして、もっと感謝する機会を探していると、心からありがたい気分になった。また、好意を示せば示すほど、実際にそう感じるようにもなった。自分自身ではなく、他人に集中する過程に、何か不思議な力が隠れているようだった。

トニー・ロビンズは、自分の行動を少し変えることが、時間の経過とともに大きな影響を及ぼすことを教えてくれた。そして、一年に何百通かの手紙を書くという小さな行動が、私に変化を起こした。書き始めたころは、かなり苦労した。だれに何を書いたらよいのか分からないこともよくあった。仕方なく、アパートのドアマンや朝のコーヒーを運んでくれた人に書いたりもした。時にはバカバカしいと思ったこともある。それに、すぐに効果を実感したわけでもない。私の感覚では、効果が出るまでに長ければ五年かかることもある。そのため、ほとんどの人は収穫を得る前にやめてしまうのである。

大量の手紙を送り続けているうちに、私はこれまでにない感覚でみんなに心を開き、周りのすべての人に学ぶべきことがあると思えてきた。手紙を書くという習慣は、お金ではなく、信用と関係を積み上げていく非常に効果的な方法だということが、今ではよく分かる。アインシュタインは、「複利は世界八番目の不思議だ」と言ったと伝えられている。ただ、複利には金融で使われる意味よりも、はるかに大きな価値と注目すべきことがあるのかもしれない。

手紙書き運動は、もともとは自分のファンドを売り込むためだったが、結果的に私の人生を想像もできなかったほど豊かにしてくれた。私は優秀なセールスマンになる代わりに、手紙を書いた相手を気遣い、どうしたら相手の助けになれるかを考えるようになっていった。そして、策略を捨てて心から助けたいと思い始めると、みんなが私のファンドに関心を持ってくれるようになった。それが、利己的な考えを捨て、自分に忠実になったことによる予想外の結果だったのだ。

手紙作戦を始めて二～三年後、私はウォートンの学生だったアーロン・バードに出会った。好青年の彼に何か縁を感じた私は、彼をインターンに誘った。その夏の終わりに、彼からモニッシュ・パブライという投資家の会社の株主総会に出るためシカゴに行くという話を聞いた。

名前も知らない投資家だったが、バードが素晴らしい投資リターンを上げている人だと言うので、私も付いて行くことにした。

あとから知ったことだが、パブライの経歴は変化に富んでいた。祖父は各地を巡回していた有名な手品師で、父親は成功したとは言い難いビジネスマンだった。一九六四年生まれのパブライは、ムンバイ、ニューデリー、ドバイで育ち、一九八〇年代に貧乏学生としてアメリカに来た。それから、カードローンの七万ドルと年金の三万ドルを元手にトランステックというＩＴのコンサルティングとサービスの会社を設立した。この会社の収益は二〇〇〇万ドルに達し、それを六〇〇万ドルで売却した。

私と同様、パブライもローウェンスタインの本でウォーレン・バフェットとバリュー投資に出合い、バークシャーが毎年発表する「バフェットからの手紙」で勉強した。バフェットに魅了された彼は、一九九九年に自身の投資会社を設立した。パブライのファンドは素晴らしいリターンを上げている。二〇一三年九月には、フォーブス誌に「二〇〇〇年以降、モニッシュ・パブライがマーケットを一一〇〇％も上回った方法」と題した記事が掲載された。

話を戻そう。二〇〇三年にシカゴで彼の会社の株主総会に行ってみると、すぐに彼が特別な人物だということが分かった。彼は、資本を毎年三〇％以上の割合で増やしていた。ただ、そのことだけでなく、彼の経営方法に対する理解と独自性にも同じくらい感銘を受けた。ニューヨークの投資業界にいれば、だれでもある程度は「まずいチキンのランチ」（資金集めの昼食会）

を行っていた。これらの会は通常、ザ・ピエールなどの高級ホテルで、経営者や経営陣がその会社の株やファンドを買う理由を説明するために行われている。

しかし、パブライの会はまったく違った。会場は街中の豪華ホテルではなく、シカゴ・オヘア空港からすぐそばの講堂が併設されているカールッチ・レストランだった。そして、この会は週末に行われた。参加者はみんな普段着で、家族づれで参加している人もいた。典型的なパブライのやり方だ。彼は慣習など気にしないし、みんなと違うことを恐れてもいなかった。しかし、私は彼の型にはまらないスタイルが非常に理にかなっていると感じた。

株主総会での彼は、ファンドのパフォーマンスを紹介したあと、投資方法を実例を挙げて話した。ひとつは成功例で、もうひとつは失敗例だった。約一〇〇人の参加者は、話を聞くためではなく、学ぶために来ていた。パブライは批判を恐れず、正直かつ率直に語っていた。

彼の話で特に印象に残ったのは、フロントライン・リミテッドに対する投資の成功例だった。私は、石油タンカーがその代替コストよりも安く売買されていた時期に投資したという話を聞きながら、猛スピードでノートをとっていった。資産をその代替コストよりも安く買うという概念はよく理解していたが、彼はこの仕組みについて、タンカーの供給が減っているときは、低価格自体がマーケットを活性化する触媒になるという深い洞察を与えてくれた。このとき、パブライは、ハワード・マークスがのちに「二次的思考」と呼んだ微妙な違いを把握していた。これは重要なことだが、それができる投資家はまれにしかいない。パブライは、世界をみんなとは違う視点で見ていたが、彼の逆張りの理屈には完璧な説得力があった。

利害関係のない私にとっては面白い光景もあった。聴衆のなかに、自分たちを売り込むために参加していた人物が二人いたのだ。ひとりはファンドマネジャーで、自分の実績を宣伝するために質問をした。もう一人は投資銀行家で、明らかに自社のサービスを売り込もうとしていた。ほとんどの聴衆は、彼らに対して明らかに困惑していた。良い会合というのは、常にチームで成り立っている。しかし、彼ら二人は学ぶためではなく、売るために来ており、とても無作法に見えた。

反対に、パブライには余裕があった。それは、金銭的なことだけでなく、彼はありのままの自分に満足し、自分の知恵を喜んで分かち合っていた。特徴的だったのは、彼がカリフォルニア州の高級住宅地から事務所に近い小さな家に引っ越したことだ。これも、彼が自らをバフェットが言うところの「外なるスコアカード」で評価しない人だということを示す行動で、それは彼の大きな力になっていた。

パブライの株主総会から戻った私は、万年筆で短い手紙を書いた。読みやすいとは言い難い手書きで、「親愛なるミスター・パブライ。パートナー会議に参加させていただき、ありがとうございました。人生と投資について、たくさん学ぶことができたうえに、素晴らしい人たちと出会うこともできました。心からの感謝をこめて。ガイ・スピナー」というようなことを書いたと思う。

この短い手紙は、その週に一〇通以上送った手紙のなかのほんの一通だった。ただ、これには特別の意図もなければ、返事も期待していなかった。ポストに投函して、もうそのことは忘れていた。あとになってパブライから、この会議のあと手紙を出したのは私だけで、そのことが彼にはっきりとした印象を残したという話を聞いた。六カ月後、彼からメールがあり、会議でコネチカット州グリニッジに行くので食事をしないか、と誘われた。もちろん承諾した。

このときの食事が、私の人生の軌道を動かした。それどころか、もしかしたらこの出会いが、そののちのウォーレン・バフェットとのチャリティー昼食会ももたらしてくれたのかもしれない。もし私がわざわざ礼を述べなければ、パブライと初めて食事をしたときから始まったさまざまな素晴らしい出来事は起こらなかったかもしれないのだ。当時は気づかなかったが、私が書いたすべての手紙は、素晴らしい幸運にめぐり合うための招待状だった。時間の無駄だという人もいるかもしれない。しかし、くじを買わなければ当たらないし、このくじはタダ同然だった。これはある意味人生のバリュー投資で、安い投資が将来の貴重な結果をもたらしたのである。

パブライとは、デラマー・グリニッジ・ハーバー・ホテルで落ち合った。私はこの素晴らしい投資家が声をかけてくれたうれしさと期待感で、三〇分も早く着いてしまった。当時の私は、まだ人と会うときはどうすれば自分に有利になるかを考えて臨んでいた。しかし、この日はあえて何も準備をしなかった。本当は、どうすればあのような高リターンを上げることができるのかを解明するために質問したいことは山ほどあったが、それをぐっとこらえ、彼と話ができる機会にただ感謝した。

もしかしたら、そのことを彼も察し、それが正しい雰囲気を生んだのかもしれない。下心を持っていると、人はそれを感じ、防御的になる。おかしく聞こえるかもしれないが、まるで神から授かったひらめきのような感覚で、彼の前では自然体でいるべきだということが分かっていた。彼の持つ信頼感に対して、見せかけや心にもない言葉は愚かでしかなかった。

食事中の彼は、すっかりくつろいでいた。彼は見かけどおりの人で、だれに対しても何についても取り繕うようなところがまったくなかった。私はそれまでの人生で、自分に正直になったり、自分を受け入れたりできないことがよくあった。しかし、パブライの前では、最初からありのままの自分でいることができた。自分と折り合いがつかないのは危険なことで、それは人間関係だけでなく、ビジネスや投資にも悪影響を及ぼす。例えば、チャーリー・マンガーは、「正直でいるのが最も簡単だ、それまでついたウソを覚えておかなくていいから」と指摘している。そうすれば、脳を浪費せずに、もっと役立つことに使うことができるのだ。

食事をしながら、彼は『パワーか、フォースか――人間のレベルを測る科学』（三五館）という本について話してくれた。このなかで、著者のデビッド・ホーキンズ博士は、自分に正直になれば、誠意が相手の深い心理的な反応を喚起するため、他人により大きな影響を与えることができるという理論を提唱している。私には、パブライがすでに「自分に正直で、自分を受け入れている人こそが本物のパワーを持つ」というこの思想を体現しているように思えた。この会話は、私のなかにある種をまいた。私も、D・H・ブレアやウソばかりの世界を捨てたときから始めた変革をいつか完了して、本当の本物になりたいと思ったのだ。

話し始めてすぐに、彼も私と同様、現実的な知恵を求めていることが分かった。しかし、彼の理由は、私とはまったく違う方向の、まったく違う考えに基づいていた。私はトニー・ロビンズから成功した人をモデルにすることの効果を学んだ。パブライは、自分の方法を「クローン化」と呼んでおり、これまで何一つオリジナルのアイデアはないが、まったく気にならないと笑い飛ばした。実際、仕事でも最初は最高のアイデアをコピーして、そこから自分のものにしていくということはよくある。

パブライは、これがビジネスにも応用できることを分かっていた。企業は、競合相手を研究し、うまくいっていることを調べ、それを再現することで、利益を増やしていくのだ。彼は、道の両側にある二つのガソリンスタンドの例を挙げた。一方のオーナーは賢くて、セルフサービスの価格で店員がガソリンを入れ、無料で窓拭きやオイル点検を行っている。つまり、このオーナーはビジネスを成功させるための小さな努力を積み重ね、好循環を生み出しているのである。一方、道の反対側にあるスタンドは、そのようなことをせず、売り上げが落ちていた。パブライは、後者のスタンドのオーナーが成功しているライバルのやっていることをすべてまねをするのは簡単なことだと指摘した。最高のアイデアの多くは、見えるところにすでにあり、私たちはそれを再現すればよいだけなのだ。

これこそ、パブライと私が投資の仕事で会得すべきことだった。確かに、私も彼もバフェットがしたことを見て、意識的にコピーしようとした。ただ、パブライのほうが私よりもはるかに良いクローンだった。細部まで細心の注意を払っていたせいだろう。例えば、彼はバフェットが最初に運営していた投資パートナーシップを、手数料体系から解約まで注意深く再現していた。私の場合、ファンドを立ち上げたときからそうすべきだったと気づくまでに、一〇年以上かかってしまった。

食事の間、私たちは、すでにある素晴らしいアイデアをコピーしない愚かな人たちについて哀れんだ。しかし、それから何年かたち、自分がダメなガソリンスタンドのオーナーで、パブライは良いほうのオーナーとそっくりなことに気づいて恥ずかしくなった。しかし、私もだんだん賢くなり、彼から学ぶようになった。これについては後述する。

パブライと次に会ったとき、私の人生はさらに大きな影響を受けた。彼との初めての食事を私は大いに楽しんだが、彼もそうだったかどうかはまったく不明だった。そのため、何カ月かたって彼からメールをもらい、ニューヨークでの朝食の誘いを受けたときはうれしかった。彼は、バリュー投資家総会でプレゼンテーションを行うことになっていた。彼と会うことが私の人生にとって非常に重要だと直感した私は、印象に残る機会にしたいと思った。そこで私は、セントラルパークを見渡すことができ、総会の会場にも近いマンダリン・オリエンタル・ホテルのレストランを選んだ。そして、前日にレストランを訪れ、良い席が取れていることと、請求書を私に回すことを確認した。

大げさに聞こえるかもしれないが、これもパブライから学んだことだった。ひとつ正しいことをして成功するビジネスもあるが、ほとんどの場合はたくさんの小さな正しいことの積み重ねが成功につながる。ウォルマートが大成功を収めた理由もそこにある。私の実世界での学びのカギとなったのは、このような知的だが実践的なミクロレベルの行動をできるだけたくさん身につけることだった。礼状を書き、素晴らしい食事会になる場所を選び、みんなの話に積極的に耳を傾け、自分がしてほしいような対応をする、といったことだ。簡単なことでも、生涯にわたってやり続ければ、それが積み重なって大きな評判と有利な関係を築くことができる。これは運ではない。うまくいくように努力すれば、良いことが起こる可能性は高くなるということだ。

朝食会は素晴らしかった。私は最初、パブライに畏敬の念を抱いていた。私も良いリターンを上げ、妥当な知性はあるつもりだったが、彼のリターンは目覚ましく、彼の頭は特別で、私はすっかり凡人の気分になった。私たちは、認知スタイルも違った。私は注意散漫なときがあり、あらゆるところに関心が向いてしまうが、彼は完全にひとつの方向に集中できた。一方、共通点もたくさんあり、そのひとつが根深い疎外感だった。私の家族はユダヤ系で、ドイツから亡命後、イスラエルとイギリスで成功を収めていた。パブライはインド系移民で、アメリカで成功を収めていた。理由はともかく、私は彼の人間性と知性の両方にますます引かれていった。ただ、私が彼に教えられることは何もなかった。

マンダリンホテルのセントラルパークとマンハッタンのスカイラインを見渡せる窓際の席に座ると、パブライは思いがけない提案をした。毎年、イーベイでオークションにかけられるウォーレン・バフェットとの昼食会に一緒に入札しないかというのだ。私は最初、たとえ私の人生を変えた投資家であっても、一回の食事に何十万ドルもかけるなど正気の沙汰ではないと思った。私はできるだけ丁寧に、「昼食にかける金額としては、恐ろしく高いですよね。そんな金額を支払う人がいるのですか」と言った。

これは常識的かつ賢明な指摘だったが、パブライはこの昼食会に入札することがまったく理にかなっているという型破りな分析を丹念に説明してくれた。まず、このお金はグライド基金という非常に価値のあるチャリティーに寄付され、それに付随してバフェットとの昼食会があるということだった。パブライ曰く、慈善寄付の見返りの多くは、寄付した人の名前を記して評判とエゴを押し上げるためだけの記念品のたぐいでしかない。しかし、今回は寄付によってそれよりも果てしない価値があること、つまり私たちの前にそびえ立つロールモデルで、資本家を目指すうえで悟りの境地とも言える例を示してくれる人物と会う機会が得られるのである。

パブライはさらに、これは何か具体的な成果を求めることではないとも言った。むしろ、バフェットと一緒の時間を楽しみ、彼が教えてくれたことすべてに対して感謝する機会だというのだ。結局、朝食が終わるころには、私は完全に説得されていた。

私たちは、バフェットの昼食会を一緒に入札することにした。初めてオークションに参加したときは、競り負けた。しかし翌年、パブライは再び入札すると決めていた。ヨーロッパに滞在中の私に電話があり、「ガイ、今回こそは勝つぞ」と宣言した。

もし落札できれば、彼は妻と娘たちを連れて参加し、私は妻だけを連れていく予定にしていた（私の子供はまだ小さかった）。彼は、人数が多いパブライ家が落札額の三分の二を支払うと言ってくれたため、私が三分の一を払うことにした。

それでも、私は落札額が手に負えない額になることが心配だった。私はまだ小さいファンドを運用する若いマネーマネジャーで、三人目の子供が生まれるため、マンハッタンのなかでもっと広い家に引っ越す必要もあった。私はパブライに、二五万ドルまでは出せるが、それ以上は今の私にとって賢明ではないと言った。もし競りが彼の予想どおり七五万ドルを超えれば、私は降りざるを得ないかもしれない。すると彼は少し考えてから、もしそうなったら、残りの額は彼が支払うから私は二五万ドル出せばよいと言ってくれた。私は、彼の寛大さに仰天した。

この取り決めに対して、私たちは書面を交わすどころか、握手すらしなかった。私は、これほどの信頼関係に、深く感銘を受けた。そういえば、バフェットも書類とも言えないような取り決めのみで出資契約を結んでしまうことがよくある。ビジネスの世界において、父以外で、このように信頼してくれた人はほかにはいなかった。

そして、二回目の挑戦で、私たちはバフェットの昼食会を落札した。六五万〇一〇〇ドルだった。私は興奮するとともに、パブライをがっかりさせないだろうかと心配しながら、翌朝に三分の一の金額をグライド基金に送金した。送金を終え、それが既成事実になってから、私はパブライに電話を掛けて自分が有頂天になっていることを伝えた。

昼食会は二〇〇八年六月二五日に決まった。私は、この数カ月で心の準備を整え、グランドマスター本人に会う価値のある人間になれることを願った。自分よりも優れた人と会うときは、まず自分自身を磨いておかなければならない。

　私はこの数年間で、ウォーレン・バフェットの世界に少しずつ近づいている。一九九〇年代後半に、ハイテク株が高騰し、バークシャー・ハサウェイのパフォーマンスが相対的に下がると、彼も「腕が落ちた」などという見当違いの陰口が起こった。疑い深い連中は、みんなが収益とはかけ離れた倍率のハイテク株で大儲けしているときに、なぜ彼が時代遅れと言われるスタイルにこだわって、利益率は常に高くても魅力がない会社に投資し続けるのかと不思議がった。

　このような常軌を逸した状況のなかで、バークシャーが保有する流行遅れの株は落ち込んだが、それは私には不合理な安値に見えた。そこで、私はこれらの会社に自分のファンドの二〇％以上の資金をつぎ込んだ。それ以来、株価は四倍以上に上がり、時代の寵児だったこともあるハイテク株はすっかり廃れてしまった。私は、バークシャーにも相変わらず大きく投資しており、これはファンドをしっかりと支え、これからも高リターンを上げ続けてくれるだろう。

その間も、私は常にバフェットの考え方と投資法に近づきたくて奮闘していた。彼について書いたものを読み、彼の買った株を分析し、彼の優れた点をまねしようとした。チャリティー昼食会までに、私はすでに一〇回以上、バークシャーの株主総会でオマハを訪れていた。

オマハに行き始めて最初の何年間かは、私がまだニューヨークの渦に巻き込まれていたころで、私はたいていオマハ・マリオット・ホテルに泊まり、ニューヨークで大金を動かしている連中と過ごしていた。しかし、それもだんだん変わっていった。ニューヨークの連中と付き合わずに、ダブル・ツリー・ホテルに泊まって、「イエローブロカース」というバフェットのファンクラブの集まりに参加することにしたのだ。彼らのウェブサイトには、「イエローブロカースの集まりは、バークシャーの株主による百パーセント気楽な非公式の会です。特定の製品やサービスを宣伝するためのものではありません」と書いてある。

このグループの人たちは、成功を目指すような格好もしていないし、バークシャーの総会で何かビジネスをしようなどとはみじんも思っていなかった。彼らはここで学び、友情を喜び、知恵の泉に乾杯するために集まっていたのだ。彼らの多くはアマチュアで、自己資金でバークシャーの株を買っていた。そして、多くがもう何十年もこの株を保有していた。彼らは、ニューヨークの同業者たち（プロの投資家やネットワーカーで、みんな紺のジャケットとカーキ色のズボンというお決まりの格好をしていた）とは違うエネルギーを持っていた。

パブライを通じて、バフェットファンのインド人ともたくさん知り合った。このなかの何人かは、わざわざインドからオマハを訪れていた。私は、いつも仕事のことしか考えていない金融業界の連中以外との交流を楽しんだ。みんな楽しげで、私たちは大声で笑った。私にとっては、この地味なグループの価値観や考え方のほうが健全で堅実な感じがした。

私は自分のオックスフォード、ハーバード、ニューヨークといううんざりするほど一級の経歴は語らずに、バフェットのファンや信奉者のひとりとして自由に楽しんだ。そして、株主総会当日は、それまでのように開始時間の八時に行く代わりに、混雑を避けるために五時三〇分に起きて、南側のドアから入る筋金入りのファンの行列に加わった。

結局、私はバフェットとマンガーがよく見える前のほうの席でパブライと一緒に座っていた。彼らから学ぶのならば、かつて私が座っていた後ろのほうの席よりも（当時は受身でむしろ批判的に観察していた）、こちらのほうがはるかに良い場所だった。そして私は、もし何かをするならば、心から楽しむべきだということに気がついた。ちなみに、ほかのプロの投資家（プレム・ワスタ、リ・ルー、マリオ・ガベリなどを含む）も明らかに同じ結論に至ったようで、前のほうに陣取っていた。繰り返しになるが、大事なのは小さな行動が最後には大きな違いを生むということなのである。

総会会場のトイレの出口でほんの一言言葉を交わした以外に、私はバフェットと個人的な交流はまったくなかった。何年もただ遠くから彼を見て、学んでいただけだ。しかし、あの手紙作戦がパブライとの出会いをもたらし、チャリティー昼食会の落札につながり、これまでとはまったく違う新たな可能性へと押し進めてくれた。自分のヒーローと、直接会い、昼食を共にできるのである。

まるで夢を見ているようだ。私はまだ宇宙と同調し始めたばかりで、正しいこともあまりできていない。しかし、内面から変わり始めると、自分の周りの世界もそれに反応してくれる。この考えに共感してもらえればうれしい。これは大事なことで、もしかしたらウォーレン・バフェットとの昼食会よりも大事かもしれない。私の経験から、意識や心構えが変わると、素晴らしいことが起こり始めるということを分かってほしい。そして、その変化が最終的にビジネスと人生のツールになる。

私は、D・H・ブレアの時代からすでにかなりの変化を遂げていた。しかし、私のヘッジファンドのビジネスモデルはまだ理想の形にはなっていなかった。バフェットとの昼食会の日が近づくにつれ、そのことが私のなかで違和感としてふくらんでいった。顧客に一％の年間管理費と利益の二〇％を課すニューヨークの欲深いヘッジファンドマネジャーのひとりだと見られるのではないかと恐れる気持ちがあったのだ。

パブライは年間管理費を課さず、投資家に良い結果を残したときのみ報酬を受け取っていた。バフェットも、バークシャーの経営者としての年俸は一〇万ドルで、これは彼が投資家のために上げている何十億ドルもの利益と比べれば、滑稽なほど低かった。つまり、私は三人のなかで運用額とリターンが最も低いのに、顧客には最も高い手数料と最も利己的な手数料体系を課していたのである。これを書くのは辛いが、事実だった。

もちろん、年間管理費が二％の人だっていると言い訳することもできたし、さらにひどい手数料体系の人もいたが、それでも私の後ろめたさは消えなかった。最もあこぎな手数料を課していたわけではないが、やはり正しいほうの側にいたかったのだ。バフェットは、私にこれほどの影響を与えていることなど知るよしもなかったが、彼自身が素晴らしい手数料体系を実践している以上、私も自分の投資家に対してもっと公平でありたかった。このことは、彼に会えると期待するだけで感じる彼の影響力の大きさを示す一例でしかない。

ウォール街には、「ヘッジファンドとは投資家に法外な手数料をふっかけるための手数料体系のことだ」というジョークもあるくらいだ。私は彼らの仲間にはなりたくなかったが、これが標準だという顧問の圧力に簡単に屈してしまったのは、まぎれもなく私自身だった。しかし、改めてバフェットと自分の違いに直面すると、昼食会で年間管理費を課しているのが自分だけという状況には耐えられないと思った。

そこで、私はバフェットが最初に運営していた投資パートナーシップをまねた手数料体系で、新しいシェアクラスを発行することにした。既存の投資家は、これまでの手数料体系を維持することもできるし、より良い長期的な体系を選ぶこともできる。新しいシェアクラスは、年間管理費がないことに加えて、年間リターンが六％を超えなければ手数料はかからない。しかし、もしこのハードルを超えれば、私は年間利益の四分の一をもらうことにする。つまり、投資家に良い結果が残せた場合にかぎり、私も高い報酬を得ることができるのである。本来ならば、一〇年前にファンドを設立したとき、一日目から正しい道を自分で選ぶべきだったのだ。

賢い投資家ならば、この新しい手数料体系が理にかなっている理由を本質的に理解できる。つまり、この変更には私の真の目的を把握できない人にまでファンドを売り込まなくても、ファンドに適合する長期的なパートナーがいずれ集まってくるというメリットもあった。

マネーマネジャーになったばかりのころは、如才ない販売会社から、ファンドの販売を委託すれば投資家が増え、資金が増えて利益も上がるという誘いがいくつもあった。しかし、これはうまくいかなかった。私は間違ったところで成功を目指していたのだ。結局、最もうまくいったのは内面を見つめ、内面から変わり、自分の関心よりも投資家の関心を優先することだった。さまざまな分野で言えることだが、バフェットがすでに知っていることを、私は何年もかかって学んだのである。

昼食会の前に、もうひとつしておきたかったのは、バフェットが支援しているグライド基金を訪れることだった。なぜ、彼が自分の時間をこの組織に寄付することにしたのか興味があったのだ。もし並外れた資質を持った人に出会ったら、時間とエネルギーを投資してでもその人の力場に入る価値がある、ということが私にも分かるようになっていた。グライドはバフェットの力場であり、私はその理由が知りたかった。

私は、この注目すべき慈善団体を詳しく知るために、サンフランシスコに飛んだ。この団体の理念は「無条件に公正で愛のあるコミュニティー」を作ることだという。グライド基金は、サンフランシスコのなかでも劣悪な環境にあるテンダーロイン地区で教会を運営し、貧困層に医療活動や年間八〇万食の食事を提供している。バフェットは、寛大な心を持った亡き妻のスーザンにこの団体を紹介された。彼は、毎年一回、彼と昼食をとる権利をオンライン・オークションにかけ、落札額を寄付するという支援を始めた。この活動は、二〇〇四年にスーザンが亡くなったあとも続いている。

私は、グライドの本部の外でこの団体の創立者であり、聖職者で、貧困層やホームレスを支援する社会活動家でもあるセシル・ウィリアムズ牧師ににこやかに迎えられた。彼は、バフェットと同様、全身全霊をかけて仕事をしていた。その日、私は彼とともにグライドの炊き出し所で昼食をとり、彼がみんなに気さくに接する様子や、いかに慕われているかをこの目で見た。これが人生をあきらめた人たちに心からの優しさと思いやりの手を差しのべている素晴らしい団体だということはすぐに分かった。バフェットの言葉を借りれば、グライドはすべての人が「どのような状況にあっても可能性を持っており、愛と時間とエネルギーと資源を組み合わせれば、まったく違う人間に生まれ変われることはすでに実証されている」ことを知っているのである。

私はさらに、ウィリアムズ牧師がバフェットが信頼するバークシャー傘下の典型的なCEO（最高経営責任者）と同じタイプであることに気がついた。つまり、心から信頼できる人物だったのだ。彼はうわべだけでなく、心からの関心とエネルギーを注いで支援を行っていた。そして、明らかに自分の仕事に喜びを見いだしていた。私はその日の終わりにグライドのビデオ撮りに応じ、そのなかで、バフェットが「特別な会社を見極める」だけでなく、「特別な慈善団体」も見極めることができるのは明らかだ、とコメントした。

もしかしたら、グライド基金を訪問した最大の収穫は、バフェットがどれほど真剣に自らの力を役立てようとしているかが分かったことかもしれない。彼の行いを見て、私も自分が助けられる人がいないか周りを常に気にかけていこうと思った。それをするほど自分の人生も幸せになるのだと思う。

今回のオークションでパブライと私が落札したのは、マンハッタンのステーキハウスであるスミス・アンド・ウォレンスキーで、バフェットとの「パワーランチ」に七人で参加できる権利だった。参加するのは、パブライと妻のハリーナ、娘のモンスーンとモマチー、そして私と妻のローリーだった。つまり私たちは合計六人で、ひとつ席が余っていた。さまざまな知り合いが、この席を買いたいと言ってきた。あるロンドンのファンドマネジャーは、一〇万ドルを提示してきた。別の尊大な未公開株投資家は、家族を呼ばずにデビッド・キャメロンを招待したらどうかと提案してきた。

この話を聞いたローリーは、自分よりも価値を見いだす人に席を譲ると言ってくれた。しかし、この昼食会はビジネスではないし、彼女の席を売るつもりもなかった。ただ、一〇万ドルの申し出があったことはパブライに伝えておくべきだろうと思った。しかし、彼の意志は固かった。これは家族のイベントであり、バフェットに感謝の意を表す会で、それ以外の意図はない。もし残りの席を売ったり、家族以外を呼んだりすれば、その精神が損なわれるというのだ。

そして、ついに昼食会の日が来た。六月の終わりの快晴の朝だった。ローリーと私は、レストランのある三番街四九丁目にタクシーで向かった。このときを楽しみたいのと、大事な会に遅れないように、私たちは一時間も早く着いた。レストランの外には、CNBCなどのテレビ局がすでに陣取っていた。私たちはバフェットの許可を得て、私たちの結婚式を撮ってもらった写真家に、記念写真の撮影を頼んでいた。

私は緊張で疲れ果て、風邪を引いていた。バフェットには相手の人格を見抜く力があり、自分のすべてを見透かされることが怖かった。彼が、私のなかのゴードン・ゲッコー的な性格のかけらを見つけるのではないかと恐れていたのだ。ただ、その一方でとてつもなく興奮もしていた。パブライと何度か食事をした経験から、崇拝する人と一緒にいるだけで、どれほど影響を受けるかが分かっていたからだ。私は、バフェットのすぐそばで、彼が何に反応するのかを見られることにワクワクした。これこそが、資本家としての究極のマスタークラスと言ってよいだろう。

そして午後一二時三〇分ごろ、私たち七人は、厨房近くの木の温もりを感じる一角で席に着いた。この場所は完全な個室ではなかったため、ウォーレン・バフェットが座っているのを見たほかの客がざわついていた。バフェットはスーツ姿で、白いシャツと黄色地に黒い模様の入ったネクタイをつけていた。彼の両側にパブライの娘たちが座り、私はモナチーの右隣、その隣がローリーだった。パブライとハリーナは、バフェットの左側に座った。

妻や子供たちが同席したことで、この会が正式なビジネスミーティングではなく、陽気で楽しい家族のイベントになったのはとても良かった。バフェットがパブライの娘たちに持参したプレゼントをうれしそうに渡す様子は、世界有数の金持ちで、史上最高の投資家というよりも、愛想の良いおじいさんという感じだった。

彼は、バークシャーの株主総会で見かけたとおりで、気取りも気づまりもなかった。温かくて親しげで、自分をウォーレンと呼んでくれと言い、みんなをくつろいだ気分にさせてくれた。パブライの娘たちの年齢を聞くと、「あなたが一二歳で、あなたが一一歳、私は七七歳だよ」と続けた。そして、メニューが配られると、自分は五歳になる前に触ることができなかったものは食べないことにしているんだと冗談を言った。そして案の定、ミディアムレアのステーキと、ハッシュブラウンと、チェリーコークを注文した（コカ・コーラの最大株主であるバークシャーにふさわしい選択だ）。メニューに時間をかけたくなかった私は、それに倣ってステーキとハッシュブラウンとダイエットコークを頼んだ。

バフェットは、当然ながら事前に私たちについて調べていた。彼はローリーに、出身地のノースカロライナ州ソールズベリーについて尋ね、コロンビア大学の同級生と一緒にそこで過ごしたことがあるという話をした。そして、パブライには彼が設立したダクシャナ基金（インドの子供の教育に取り組む慈善団体）の年次報告書に感銘を受けたと話した。さらには、この報告書をチャーリー・マンガーとビル・ゲイツに送ったと言って、パブライを驚かせた。実際、バフェットはフォックスニュースに今回の昼食会について語ったとき、パブライの基金について「彼は投資と同じくらい慈善活動について考えている。……彼は自分が稼いできたお金をどう使うかについて非常によく考えている。この活動は、いずれ、おそらく何千人もの人に恩恵を与えることになるだろう。……私は彼をとてつもなく尊敬している」とコメントしている。

バフェット自身も、自分のお金の使い道について大いに考えてきたことは明らかだった。彼は、自分の三人の子供それぞれに、慈善基金を設立する考えがあることを明かし、社会に還元するのは「たいていは待たないほうがよい」、つまり、時間をかけて増やしてから大金を寄付するよりも、今すぐに実行するほうがよいのだと語った。私はバフェットに、理論上はこのなかであなたが最も裕福ではないですねと冗談を言った。彼はすでにバークシャー・ハサウェイの株式の多くをビル・アンド・メリンダ・ゲイツ基金に寄付しているため、今は実質的にただで働いていることになる。これはグライド基金を設立したセシル・ウィリアムズ牧師とよく似ている。彼はうれしそうに「まったくそのとおりですよ」と笑った。バフェットは、自分が裕福になることなどよりも、その富をほかの人たちのためにどう使うか気にかけていることを私が理解していたことがうれしいようだった。

私たちが、昼食会の機会を与えてくれたことに感謝すると、彼も張り切って参加したと言ってくれた。ひとつには、これがウィリアムズ牧師とバフェットの亡き妻スーザンを称える素晴らしい機会であるからだった。彼は一八歳のとき、結婚したいのは彼女だと直感し、現在の彼があるのは彼女のおかげだと語った。そして、彼女がエイズの末期患者を自宅の自分のベッドで看病し、痛みを緩和させようとしていたことを思い出し、彼女の優しさを称えた。そして、パブライの子供たちに、正しい結婚相手を選ぶことは、人生で最も大事な判断だと話した。

私たちは三時間、幅広い分野にわたる素晴らしい会話を楽しんだ。例えば、バフェットがかつて歴史上の人物で最も一緒に食事したいのはアイザック・ニュートンだと言ったことについてパブライとハリーナが尋ねた。すると彼は、ニュートンが「おそらく史上最高に頭が良い人だから」と説明した。ただ、もう少し考えたら、やはり食事の相手はソフィア・ローレンのほうがよいと笑った。ちなみに、チャーリー・マンガーならばベン・フランクリンを選ぶが、その理由は「ニュートンのほうが頭は良いが、フランクリンのほうが賢いから」ということだった。

また、バフェットはビル・ゲイツと中国に旅行したときのことも話してくれた。二人が揚子江を船で上っているとき、船をドックに入れる仕事をしている男性の話題になった。バフェットはゲイツに、彼がどれほど頭が良くても、それ以上のことをする機会はないだろうと言ったそうだ。そして、バフェット自身は、もし自分がアメリカに生まれていなければ、ベンジャミン・グレアムの『**賢明なる投資家**』（パンローリング）を読まなかったかもしれず（当時は英語版しかなかった）、もしそうならこんな仕事はやっていなかっただろうと語った。また、グレアムの『**証券分析**』（パンローリング）は、彼の「聖杯」であり、グレアムがコロンビア大学で教えていることを知ったときは驚いたとも言っていた。彼はグレアムの関心を引くために手紙を出し、こう書いたという。「あなたはすでに亡くなっていると思っていました」

食事が始まってすぐ、私はただの欲深い二％－二〇％ヘッジファンドマネジャーだと思われたくなくて、食事会が決まってから手数料体系を変更したことを告白した。また、こうするほうが投資家に対して公正だと顧問弁護士を説得するのがどれほど大変だったかも話した。このときバフェットが「正しいことをしようとしても、それが慣習的でないと、みんなが必ず止めようとするんですよ」と言った。この言葉を、私はけっして忘れないだろう。私はさらに、年を取れば正しいことをしやすくなっていくのかと聞いた。彼は一瞬遠い目をしてから言った。

「少しだけですよ」

そしてさらに、周囲の圧力などにのみ込まれず、自分が心から正しいと思う価値観を守ることがどれほど重要かについて語った。「外なるスコアカードではなく、自分の内なるスコアカードに常に従って生きることが大事なのです」。そして、私たち全員に問いかけた。「実際にはひどい恋人であるのに世間では世界一の恋人だと思われているのと、実際には最高の恋人であるのに世間ではひどい恋人だと思われているのとでは、どちらがいいですか」

私はその瞬間、「そのとおりだ」と思ったのを覚えている。しかし、私はあとになってこの助言の本当の効力を知った。それから何カ月かがたち、自分がそれまでの人生において、いかに外なるスコアカードで評価してきたかを自覚し始めた。私は常にみんなに好かれ、尊敬されたいと思ってきた。オックスフォードやハーバードでは教授の称賛を得ようとし、D・H・ブレアでは仕事ができる成功した投資銀行家に見られたかったし、そのあとは一流のファンドマネジャーとして称賛されたいと思ってきた。この注目を求める性格によって、私は必然的に進むべき方向を見失ってきたのである。私が本当にすべきことは、自分自身を内なるスコアカードで評価することだった。D・H・ブレアがどれほど有害だったかに気づいたとき、私は自分のために生きることにしたのだ。

バフェットの洞察の重要性はいくら強調してもし足りない。結局のところ、二〇〇八～二〇〇九年の金融危機を引き起こした利己的な行きすぎ行為や良心の妥協は、住宅ローンブローカーやそれ以外の関係者が内なるスコアカードに従って行動していれば、避けられたのかもしれない。私はバフェットの助けを借りて、不適切な行動や間違った行動を「みんながやっているから」という理由で正当化してしまう人があまりにも多いことを理解した。

バフェットが間違いなく自分の内なるスコアカードに従って生きているということは、彼の特徴的な性格のひとつと言ってよいだろう。彼は正しいことをしているだけでなく、彼自身にとって正しいことをしているのである。昼食会で見た彼に、取り繕ったり無理したりする様子はまったく見られなかった。彼には、自分の基準を妥協したり、信念を曲げたりする理由がなかった。実際、彼はバークシャーの株主たちに、会社をさらに大きくし、利益を増やす方法はあっても、それをする予定はないと伝えている。例えば、彼は社員を解雇したり、所有する会社を売ってより利益率が高い会社を買ったりはしない。また、投資家のなかには、バークシャーもほかの保険会社のように納税地をバミューダに移せば、利益が増えると文句を言う人もいる。しかし、バフェットはそれが合法で、何百億ドルもの節税ができるとしても、自分の会社をバミューダに移すつもりはないのだ。

このことは、今回の昼食会で得た最大の教訓のひとつだった。彼の強さをもたらしていることのひとつに、彼が本当の自分と、どう生きていきたいかをしっかりと認識していることがあると思う。彼はごまかす必要も、他人の基準や意見に従う必要もない。レストランで同席して、彼が自分の幸せについて、けっして妥協をしないということが見てとれた。たとえデザートを上機嫌で楽しむという些細なことでさえ、妥協はしないのだ。彼は、人生を自分に適合させることで楽しめるように設計していた。私が、バークシャーの独特な分権構造は意図的に構築したものかと尋ねると、彼の性格に合っているからそうしているだけで、リターンを最大にするためではない、という答えが返ってきた。

彼は投資家としても、常に自分に忠実だった。多くの人が自制心を失ったハイテクバブルのときも、自分の原則を貫き、バブル崩壊までパフォーマンスがマーケットを大幅に下回ったが気にしなかった。

また、借りた資金で投資をしないことも、彼にとって難しいことではなかった。ちなみに、それをすればさらに金持ちになったかもしれないが、面倒を抱え込むことになった可能性もある。昼食会での重要な教えのひとつは、パブライがリック・ゲーリンはどうしているのかと質問した答えにあった。ゲーリンはバフェットの友人で、「グレアム・ドッド村のスーパー投資家」のひとりとして名前が挙がった人物である。ゲーリンは、最初は目覚ましいリターンを上げていた。しかし、バフェットはゲーリンが「金持ちになるのを急ぎすぎました」と言っていた。彼はさらなるリターンを絞り出すために、レバレッジを使ったのだ。一九七三～一九七四年にマーケットが暴落すると、彼は大打撃を受け、保有していた株の多くを売却せざるを得なかった。このなかには、何千株ものバークシャー・ハサウェイ株も含まれていた。今保有していれば、莫大な価値になっていただろう。

バフェットにとって、この才能ある投資家の苦しみが、借金の危険性と忍耐の効力を示す実例になったことは明らかだ。彼は私たちに、「チャーリーも私も自分たちが大金持ちになることはずっと分かっていました」「でも、私たちは急ぎませんでした」と言った。そして最後に、「君たちのパフォーマンスが、平均をほんのわずかでも上回っていて、収入が支出を上回っていれば、いずれ必ず金持ちになります。忍耐さえあればね」と付け加えた。

静かに合理的な運営ができる平和な環境を作り上げたことは、バフェットにとって大きな助けになったと思う。彼はオマハにいることで、喧騒から遠く離れていることができた。そして、彼の伝説のアシスタントで、バークシャーで三〇年以上働いているデビー・ボサネックも、不要な邪魔が入らないよう彼を守ってきた。パブライと私は、バフェットが通常、携帯電話の電源を切っていて、eメールのアドレスすら持っていないと彼女から聞いたことがある。正しいフィルターを持つことで、彼は間違った情報を入れてしまうのを防いでいるのである。

実際、彼は魅力的で愛想も良いが、判断の妨げになるようなことはすぐに避け、距離を置いている。彼は、周りからいつも出資しそうな人と会うよう頼まれるが、どれほどお世辞を言われても、半分以上は「ノー」と答え、そのことに抵抗はないという。また、傘下企業については財務諸表を信頼しているため、経営陣と会うことはほとんどないとも言っていた。

さらに言えば、彼は無駄な会議でスケジュールを埋めるようなこともしない。昼食会の途中で、彼はすかすかの予定表を見せてくれた。スケジュール管理は自分でしているという。反対に、ビル・ゲイツのカレンダーには、「六時四七分　シャワー」「六時五七分　髭剃り」といった具合に細かく予定が書き込まれているそうだ。これはどちらかが優れているということではない。バフェットが自分に完璧に合う方法を選んで、ウォール街を支配する雑音の影響を受けず、静かに考える自由を得ているということなのである。彼は、知性に頼るだけでは雑音を取り除くことはできず、正しい方法と環境が必要だということを教えてくれた。そういうわけで、私は昼食会からわずか六カ月でチューリッヒに移住することを決意した。ニューヨークの渦から遠く離れているほうが、楽に冷静さを保てることが分かっていたからだ。

ありがたいことに、バフェットの行動のなかでも、この雑音を排除するための環境と方法ならばどの投資家でもまねすることができる。私にとって、これはウォール街から離れるだけでなく、考えを鈍らせるそれ以外の雑音を排除するということでもあった。例えば、私はマーケットの予想を完全に無視して、長期的に大きく成長すると思う会社への投資に集中することにした。昼食会で、私はバフェットの行動を研究し、まねしようとしたことを、タルムードの二人の少年の話に例えて伝えた。二人はラビから学ぶことに熱心なあまり、ベッドの下に隠れてラビを一晩中観察し続けたのだ。バフェットは、これからは寝る前にベッドの下に私がいないか確認すると笑った。

しかし、バフェットをまったくまねすることができない点のひとつが、彼の知力だった。昼食会の間、私は彼の脳が五層くらいに分かれて同時に動いているのを感じた。彼の伝記を書いたアリス・シュローダーも、かつて似たような感想を記していた。これを説明するのはなかなか難しい。ただ、この日、彼と共に席についたとき、私は彼の圧倒的な能力を感じ、彼の脳が私のよりもはるかに高速で動いていることは分かった。かつての私は、オックスフォードを首席で卒業したのだから、彼と同じくらいの知能はあるだろう、いつの日か彼のようなパフォーマンスを上げられるようになりたい、などと思っていた。しかし、この日に彼と直接会い、彼に追いつくことなど願うべくもないと確信した。

これは、普通ならばがっかりするところだが、私はなぜかほっとした。この教訓は明らかだ。バフェットと競うのではなく、現実的な目標、つまりできるかぎり最高のガイ・スピアになることに集中すればよいのだ。そう思うと、バフェットの好きなジョークを思い出した。「どうすればボビー・フィッシャーを負かすことができるのか」。答えは、「チェス以外で挑む」。

バフェットを彼のやり方で負かすことはできない。しかし、彼の例に倣うことはできる。この日、最も感銘を受けたのは彼の圧倒的な能力だけでなく、彼が自分の性格に完全に適合する生き方をしていることだった。彼はまったく無理をしていないように見えた。そして、彼が自分に正直に生きているのは明らかだった。

このことは、私自身の目標になった。ウォーレン・バフェットになろうとするのではなく、自分により正直になることを目指すのだ。彼が教えてくれたのは、信頼こそが本当の成功につながるということだったのである。

バリュー投資家は、マーケットが暴落したときに買うことができることを誇りに思っている。私たちは、多くの人がパニックに陥っているときに、合理的に動く冷静さと、勇気と、強さ、そして知的な明瞭さと理解力を持っていると自負している。しかし、もし本当にマーケットが崩壊して、ウォール街が血で染まったら、どうなるのだろうか。私はそれを、二〇〇八～二〇〇九年にこの目で見た。金融界は大きな渦に巻き込まれ、私と私のファンドも一緒にのみ込まれていったのだ。ウォーレン・バフェットの言葉どおり、怖くなかった人がいれば、それは関心を払っていなかったということだ。あのとき私は、確かに怖かった。

暴落の経験はかなり辛いもので、今でも当時のことについてすべてを正直かつ率直に書くのは難しいところがある。無意識のうちにそうなってしまうのだ。当時の記憶のなかには、辛すぎて思い出せないこともある。本書の執筆を手伝ってくれていた友人で私のファンドの投資家でもあるウィリアム・グリーンが、当時、私が半分冗談だが「体中から血が噴き出しているよ」

と電話で話していたことを思い出してくれた。しかし、私はまったく覚えていない。ただ、当時起こったことのなかで、忘れたくても忘れられないこともある。

なかでも最悪だったことのひとつは、二〇〇八年三月のある朝、フィナンシャル・タイムズ紙によってもたらされた。朝食をとりながら一面を見ると、ベア・スターンズが破綻寸前という記事が目に飛び込んできたのだ。私のファンドはベア・スターンズをブローカーとして使っており、ファンドの資産をすべてこの会社のいくつかの口座で保有していた。このころの私は、ファンドのことで頭がいっぱいで家族をまったく顧みなかったため、妻のローリーは激怒していた。しかし私はこう言わずにはいられなかった。「なぜ分からないんだ。アクアマリンのすべての資金がベア・スターンズにあるんだよ。明日すべて消えてしまうかもしれないんだよ」

私は、その週末の大半をファンドの事務所で過ごし、ベア・スターンズが破産した場合についてて月曜日に助言してもらうため、専門家の名前を調べていた。ベア・スターンズの口座にある資金がどうなるかを知る必要があった。破産管財人の破綻処理が終わるまで、口座が何年間も凍結されるなどということはないのだろうか。

保守的でリスク嫌いの投資家として、私はすべての証券を意図的にベア・スターンズにあるファンド名義の現金口座で管理していた。信用口座で借株をして投資すれば、ブローカーがその資産を自由に動かして最悪のタイミングで売る可能性があり、ひどい目に遭いかねないことを知っていたからだ。実際、数年前のロング・ターム・キャピタル・マネジメント（ＬＴＣＭ）

で、そのようなことが起こっていた。

私は、そのようなリスクを避けることにとにかく集中した。何があってもファンドの資産を守らなければならない。幸い、私個人もファンドもレバレッジや借金のたぐいはなかった。ベア・スターンズは単なる証券保管会社であり、私たちの現金口座は理論的には安全なはずだった。それでも、予測不能な状況は恐ろしかった。もしベア・スターンズが倒産したら、分離勘定がどうなるかを断言できる人が本当にいるのだろうか。まったくのお手上げ状態だった。

私は、マンハッタンにある事務所の自分の席に座り、三月一六日、日曜日の午後、金融史が刻まれるのを眺めていた。事務所は不気味なほど静かで、すべてのことがスローモーションで起こっているような感じがした。これは自分ではどうすることもできない状態で、私の運命は「ハンク」・ポールソンと、ベン・バーナンキと、何人かの政策立案者たちの手の中にあった。そして、彼らの唯一の関心事は、当然ながら、私や私のファンドや私の顧客ではなく、国際金融制度を守ることだった。このとき、わが家のほとんどの資産と、何十人もの友人や親戚や仕事仲間の蓄えがリスクにさらされていたのかもしれなかった。ところが、この危機のさなかに、私はなぜか落ち着いていた。

突然、ブルームバーグのモニターが点灯し、ＪＰモルガン・チェースによるベア・スターンズの買収が決まったという速報が流れた。私はすぐに父に電話をして、このニュースを伝えた。その夜遅く、私はカンファレンスコールに参加して、ジェイミー・ダイモンがＪＰモルガンは

「ベア・スターンズを支援し、……カウンターパーティーリスクを保証します」と断言するのを聞いて、どうしようもないほどほっとした。これまで、こんな実務的な言葉に感動したことはなかった。この原稿を書きながらも、当時のことを思い出すと心臓がドキドキするのを感じる。

ベア・スターンズが抱えていた爆弾については、ほんの二～三日前まで知らず、本当に危ないところだった。しかし、とりあえず救われた。ジェイミー・ダイモンに会ったことはないが、それ以来、私は毎年彼にクリスマスカードを送っている。ダボス会議のカクテルパーティーで彼を見かけたときは、駆け寄って抱きつきたい衝動に駆られたが、結局、声はかけなかった。

私の記憶に焼き付いているもうひとつの試練は、二〇〇八年九月に起こった。あれは、ヨーロッパでの素晴らしい家族旅行から帰ってすぐのことだった。三人目の子供が生まれたわが家は、マンハッタンのアッパーウエストサイドにある新しいアパートでの生活がやっと落ち着いたところだった。九月のある晴れた午後、突然父から電話があり、リーマン・ブラザーズは破綻すると思うか、と聞かれたのだ。父は資産のほとんどをアクアマリン・ファンドに投資しているはずだった。ところが、流動資産のなかの少なくない金額で密かにリーマンの債券を買っていたのだ。そして、リーマンは死のスパイラルに陥っているようだった。

私は言葉を失った。ついこの間、ベア・スターンズの惨事から抜け出したばかりなのに、次はリーマンか。私は居間をぐるぐる歩き回り、信じられない思いで父の話を聞いた。「リーマン・

ブラザーズの債券だって。本当に買ったの。なぜ」

私は父がわざわざ地雷原に足を踏み入れていたことが信じられなかった。バリュー投資会議で、リーマンの危険性に関するデビッド・アインホーン（『黒の株券』［パンローリング］の著者）の素晴らしいプレゼンテーションを聞いてからまだ一年もたっていなかった。リーマンの財務諸表からこの会社の脆弱性を指摘したアインホーンの話を聞いて、この会社に絶対に近づくべきでないことは分かっていた。ところが、よりによって自分の父親がリーマンにかなりの額を投資し、私に相談すらしてくれなかったのである。

父の話によれば、世界有数の銀行のファイナンシャルアドバイザーから勧誘の電話があり、ムーディーズのトリプルＡだから大丈夫だと言われてこの債券を買ったということだった。父は、私がムーディーズの株を保有していることと、私が良い製品を持つ会社に投資する方針だということを知っていたため、自信を持ってリーマンの債券を買ったのだという。

私はこのあたりの事情をよく知っていた。プロの投資家は、群れを成してリーマンから離れようとしていた。そのため、ウォール街の営業部隊は、ギアを上げて価値のない債券を信じて疑わない顧客に売りつけていたのだ。それまでの顧客に買ってもらえないリーマンは、だまされやすい顧客を探していた。父の取引銀行も、多額の手数料をもらって自分の顧客を悪用したに違いない。

私はつい怒って父を非難してしまった。「ウォール街が売り込むものはけっして買ってはダメだと何回も言ってるじゃないか。絶対にダメなんだ。ムーディーズの事業は良いけれど、彼らの格付けは別だよ。マーケットからはいつも遅れているのだから」。私は話をしながらのどが痛くなってきた。

父は、額面一ドルに対して三四セントまで下げているこの債券を売るべきかと聞いてきた。私はイエスと即答し、「今すぐ売るべき」と伝えた。ただ、実際にはもう流動性がなくなっており、父の注文が執行されることはなかった。それから何日かたった九月一五日に、リーマンはチャプター一一（連邦破産法第一一章）を申請した。アメリカ史上最大の倒産だった。

私は怒りと屈辱を感じていた。家族や友人のために富を守り、増やしていくことは、私のアイデンティティーのかなりの部分を占めていたからだ。ところがそれに失敗した。そして、父があの債券を買う前に知らせてくれなかったことで、図らずも私に無力感を与えたことに傷ついていた。ただ、この件は、私の自尊心を傷つけただけではなかった。あとどれだけ知らないことがあり、鎧にはどれだけ穴が開いているのかと思うと、私は平静さを保つことができなかった。

私は、それまで守りはしっかりしているつもりだったが、そうではなかったのかもしれないと思い始めていた。ひとつには、父が私のファンドで突出して大きな投資家だったことがある。彼がだまされてリーマンの債券を買ってしまったことで、深刻なドミノ効果をもたらすかもしれないと恐れたのだ。マーケットが暴落するなかで、株価がバカバカしいほど落ち込んだ会社を冷静に買うという長いこと待っていたチャンスがまさに訪れていた。いつ買うかは決めていなかったが、これまで経済史とバフェットのような投資家について十分研究を積んできた私は、これが人生最大の買いのチャンスかもしれないと思っていた。

ここで私に必要なのは投資家だった。特に父の存在は、嵐の間冷静でいるために必要だった。もし彼の流動資産が減ってしまえば、その分だけパニックを起こす群衆の行動に反して私が買い続けていくのが難しくなる。自分の投資家たちがこのような感情的・金銭的プレッシャーに直面していることを知ったことは、氷のように冷静に分析しなければならないこの時期に、さらなる負担として私にのしかかってきた。

さらなるプレッシャーは、予想もしなかった形で襲ってきた。このころ、私は賢くて、勤勉で、頼りになりそうな株式アナリストを雇った。その彼が、二〇〇八年秋のある日、私の部屋（自分の要塞だと思っているところ）にやってきて、個人で投資していた株をすべて売却したと言うのだ。彼は、「すべて現金にしました」「状況が落ち着いて見通しがはっきりするまで待つつもりです」と続けた。

私はあぜんとした。「正気かい」と尋ねながら、不快さを隠すことができなかった。彼はバリュー投資家になると誇らしげに宣言し、私は合理的な判断を下すために給料を払ってきたのだ。彼は、同志としてマーケットが与えてくれたこのとてつもないチャンスをつかまえる手助けをしてくれるはずだったのに、感情を制御できず、パニックにのみ込まれてしまったのである。彼は、この状況にもう耐えられなくなっていた。このようなときは、それまでファンドに高い利益をもたらしてきた知的で冷静なアナリストでさえ、ストレスに負けてしまうのである。

そのあと、私はアナリストは雇わないと決めた。知らないうちに変貌していた相手に自分の気持ちを明かすのはやめにしたのだ。これも、もっとうまくバフェットやパブライをまねることはできたはずだった。二人ともフルタイムのアナリストは雇っていない。言うまでもないが、二人とも意志が弱い投資家が楽になりたくて現金を求めてしまうそのときに、安くなった資産をどんどん買い進めていた。

世界的な金融危機が深まるにつれ、信じられないほどの混乱が広がっていった。しかし、住宅バブルの崩壊にはまったく驚かなかった。その二～三年前に、バフェットがバークシャーの株主総会でフレディ・マックを売却した理由を聞いてから、注意していたからだ。バフェットとマンガーは、貸出基準と会計開示が彼らが十分だと思える水準を下回り始めたとき、早期の警告シグナルに気づいたのである。また、巨大ファンドを運用するマイケル・バリーが発行する素晴らしいニュースレターで、住宅市場とそれに関連する金融市場の惨事を予言する説得力のある説明も読んでいた。これは、正しい知的環境に自分を置くことの重要なメリットだった。アインホーン、バフェット、マンガー、バリーといった頭脳明晰な投資家のおかげで、私は監視を怠らずにすんだのだ。

その結果、私は最も危険な分野から遠ざかっておくことができた。住宅に関連する会社は、この分野の融資会社を含め、すべて避けていた。その代わりに買っていたのは、住宅とはほど遠いガスパイプライン会社などだった。シェールガスの掘削は大きな成長が見込めるマーケットで、パイプラインはガス田と利用者を結ぶ最も安い方法だったからだ。

金融株も多少は保有していたが、安全性と必要な流動性が確認できるものに限っていた。例えば、マスターカードは資本市場への直接的な参加はなかったが、世界の二大決済システムのひとつを運営していた。私のポートフォリオのなかで、金融危機の震源に最も近かったのはムーディーズで、彼らの格付けが危機を招く一端を担っていた。しかし、ムーディーズの財務内容にリスクはなかった。彼らは、さまざまな会社の信用力に関する評価をしていただけで、保証はしていなかったからだ。それに、彼らが責任を問われないことを示す判例も多くあった。

私は、本質的価値を大きく下回っている会社に懸命に投資していった。これらはすべて高品質の堀と、多額の現金を生み出す仕組みを持っていた。そして、どれもレバレッジが低いか、資本市場に定期的に頼る必要がない会社だった。レバレッジが高い会社や、常に資金を必要としている会社にとって、信用危機は危険だ。しかし、私のポートフォリオにある会社は長期的にも非常に安定しているように見えた。そのため、リーマンの崩壊と流動性が枯渇していることについて最初に聞いたときには、問題だとは思わなかった。

ところが、この状況は私のファンドのように長期のみで集中的に投資していると（私の場合は約一五銘柄）、逃げ場がなかった。アクアマリン・ファンドは、それまで何回もマーケットの調整を乗り切ってきた。このなかには、一九九七年のアジア危機、一九九九～二〇〇〇年のインターネットバブルの崩壊、そして二〇〇一年九月一一日の同時多発テロも含まれている。ファンドの運用を始めて最初の一〇年間で、私はマーケット指数を大きく上回り、設立当初の顧客の資金を四倍に増やしていた。成績が最も悪かったのは一九九九年だったが、それでも損失は六・七％に収まっていた。

しかし、二〇〇八年はそれまでとはまったく違った。私にとって、ポートフォリオが雪崩のように崩壊していくのは初めての経験だった。損失が深刻になり始めたのは六月で、ファンドは一一・八％値下がりした。そして翌月にはさらに三・五％下げた。その後も、状況はますます悪化していった。九月には六・八％下げ、一〇月には二〇・三％も落ち込み、一一月にはさらに一二・五％下げたのだ。この年の下げは四六・七％に達していた。紙の上では、投資家と家族のお金の約半分が消えてしまったことになる。

私は以前、投資家への手紙で、いつの日かファンドの価値が最大五〇％下落することは統計的に必ずあると明確に警告していた。それがいずれ起こることは、金融史の数々の騒動を見れば分かるからだ。ただ、難しいのは、その雪崩がいつ起こるかが分からないことだった。私は長期投資家として、当時も今も、マーケットのタイミングを狙わないことにしている。タイミングを計ることは不可能なことだし、少なくとも私には無理だと思っている。それから、私は保険を掛けないことにしている（例えば、指数を空売りすることやプットを買うことなど）。

それをすれば、ファンドのボラティリティを下げることはできるが、長期的なリターン率も下がってしまうからだ。

この手法は私の性分に合うようで、うまくいっている。二〇〇八年は、私にとって精神的に辛い年だった。しかし、この巨大含み損は私の投資先の本質的価値とは無関係だったため、耐えることができた。外部の力に負けなければ、この危機を乗り越えられることは分かっていた。政府にはリスクを理解し、あらゆる手段を使って大惨事を避けようとする人たちがおり、世界大恐慌の再来にはならないとも思っていた。

この種の混乱に対して準備を整えていたことも役に立った。私は金銭面において、分相応以上の生活をしないことと、借金をしないことを決めていた。私の最大の借金は、クレジットカードで使った三〇〇〇ドル程度で、それもすぐに返済した。車をリースしたこともないし、住宅ローンを組んだこともない。二〇〇八年にマーケットが崩壊したとき、私は賃貸住宅に住んでおり、嵐をやり過ごすだけの十分な蓄えもあった。

お金に関するこのような姿勢は、私の家族に深く根付いている。一九三六年にナチス・ドイツから逃れた祖父は、持ち出すことができた財産の一〇〇〇英ポンドを使って、借金することなくイスラエルに家を建てた。一九七七年に私の両親がイギリスに移ったときも、ロンドンで自分たちが買えるよりも安い地域に家を買った。私がニューヨーク州北部に家を買ったときも、ローンではなく現金で買った。私の祖先は裕福だったが、ドイツから脱出せざるを得なくなって財産を失った。私の奥底には、再びそのようなことが起こるのを恐れる気持ちがあるのだろう。これは消し去ることができないことを分かったうえで、私は合理的な行動の妨げになる借金を避ける必要があった。同様に、投資でも借金はしない。ストレスが増えて冷静でいることも正確な判断を下すこともできなくなるからだ。

私の借金に対する姿勢は、リック・ゲーリンのレバレッジに関する痛ましい経験を聞く前から、ウォーレン・バフェットの影響も受けていた。バフェットは、オマハの自宅を担保に入れたことがあるが、かなり前に完済していた。また、彼は束縛されたくないので、大きな借金はしないとも言っていた。昼食会のとき、私は彼に、イスラエルで過ごした子供時代は旅行をすることもテレビも買うこともできなかったという話をした。両親は、借金で買うことはせず、忍耐強く待って、欲しいものを手に入れた。しかし、ときどき優雅なダン・アカデミア・ヘルツェリヤ・ホテルに行って、アイスコーヒーをごちそうしてくれた。両親は、お金をかけずに賢く上質な暮らしを送っていたのだ。

社会的に見れば、借金は経済の活性化を促す。控えめな借金は、健全とも言える。しかし、個人投資家にとって、借金は災難につながりかねない。マーケットが逆行すれば、資金的にも精神的にも、投資を続けるのが難しくなる可能性があるからだ。

バフェットも、二〇〇一年の株主への手紙に、「潮が引いたときに、初めてだれが裸で泳いでいたかが分かるのです」と書いている。私の投資家のひとりは、以前にヨーロッパで新規顧客への販売促進をもちかけてきたこともある外部のマーケティングの専門家だった。彼女は、私のファンドの長期的なバリュー投資の方針を気に入り、二〇〇万ドルの個人資産を投資してくれていた。しかし、今回の危機で彼女の長期投資への信頼は突然崩れ去り、二〇〇九年一月に解約してしまった。これには驚いた。彼女が痛みに耐えられなかったのか、含み損が許容できず残りの現金を確保したかったのかは分からない。ただ、彼女の絶望は、悲観主義がピークに達したことを示す完璧なシグナルだった。それから二～三カ月でマーケットは底を打ち、上昇を始めたのだ。

それ以外に、機関投資家の顧客の解約があったが、理由のひとつは彼ら自身も流動性が必要だったことだった。結局、ほとんどの投資家はファンドにとどまり、上昇に転じるのを信じてくれた。そして何よりも、イスラエル兵士として生死にかかわる危険に直面したこともある父が、極めて冷静でいてくれたことに救われた。危機が最高潮に達し、生涯の蓄えの半分近くが消えてしまったとき、父は私に少し解約すべきかと聞いた。私は、株を売るには最悪のタイミングであり、ここで現金を引き出すならば掘立小屋に住んだほうがマシだと答えた。

父が、自分のお金が短期間に消えてしまう恐れがあったにもかかわらず、一セントも解約せずにいてくれたことを私は一生忘れないだろう。持ち分が大きかった父が解約したら、私のファンドは閉鎖していたかもしれない。しかし、父は私を信頼し続けてくれた。あとから考えれば、私は父の大きな肩に乗っていただけだったことが分かる。結局、私のサイレントパートナーである父の力がなければ、私の成功はなかったと思う。

ファンドマネジャーにとって、解約申し込みは、ストレスと困難を伴う問題である。私のファンドは、今回の金融危機の前は一億二〇〇〇万ドルの資産を運用していた。しかし、マーケットの暴落によって、それが六〇〇〇万ドルになってしまった。そのうえ、投資家への解約で約一〇〇〇万ドルが消えた。理由のひとつは、私のファンドの解約通知期間が九〇日で、流動性が比較的高かったことだった。ヘッジファンドのなかには、狡猾な弁護士が募集書類に埋め込んだ利己的な条項を盾に、解約を停止したファンドもあった。これは不当だと思う。

私は、投資家たちの解約に応じるため、それまで見たこともないような安い環境で株を売らざるを得なかった。それればかりか、このような最も不適切な時期に逃げ出した投資家がわずかでもいたことで、割安になっている株を買うチャンスを利用するという適切な行動をとるのが難しくなった。買うどころか、どれを売るかという難しすぎる問題に頭を使わなければならなかったのである。

この件で、私は重要なことを学んだ。当時、私がバフェットを最も羨ましいと思ったのは、彼の並外れた知性ではなく、彼の投資の構造的な優位だった。バークシャーはファンドではなく株式会社なので、返済不要の資本を持っていたのだ。つまり、彼は株主の解約を心配する必要がなかった。そのため、彼は完璧なタイミングで巨額の株式投資をすることができたのである。バフェットは、投資には知能指数よりも気質のほうが大事だと言っている。これは間違いない。しかし、私はこのとき、構造的な優位はそれよりもさらに大事だと確信した。

ちなみに、パブライのファンドは一年に一回のみ解約できるようになっている。マーケットの暴落による彼のファンドの損失は私のよりも大きかった。しかし、金融危機の間でも彼が解約に応じたのは二〇〇八年末の一回だけだった。この構造的優位によって、彼はポートフォリオについて私よりも明快に考える余裕があった。対照的に、私のファンドの投資家のほとんどは、四半期ごとに解約できるシェアクラスを所有していた。私がこのような構造のファンドを設立してから一〇年がたっていたが、ついに間違いのツケを払うときが来たということだろう。最初から正しい構造のファンドを作ることの重要性を、私は痛感した。

この危機のさなかに、バフェットがウォール街や投資関係者たちから物理的に離れていたことも羨ましかった。多くのプロの投資家と違って、彼はマーケットのみんなが持っている恐れや不合理さとは完全に無縁であるように見えた。バフェットの小さくて控えめな事務所はオマハのキーウイット・プラザにあり、この建物にはキーウイット・コーポレーションの本社が入っている。キーウイットは道路、橋、トンネルなどのインフラ工事を手掛けてきた建設会社である。ここは、逆張り投資家が群衆の間違いを冷静に見極めるのには理想的な場所と言ってよいだろう。

一方、私の事務所はマンハッタンのカーネギーホール・タワーにあり、これは暴落のさなかにいる場所としては最悪だった。ニューヨークは、この危機の真っただ中にあったのだ。しかも、このビルには、危機におびえるプロの投資家が大勢働いており、そのなかには打ちのめされたヘッジファンドマネジャーがたくさんいた。私も何ドルかのタクシー代を使う気になれずに、毎朝バスで通勤していた。ビルの入り口のガラスドアを入ると抑えめな豪華さを醸し出す印象的なロビーがある。このビルに事務所を構えたときは、ウォール街の王者になった気分だった。しかし、危機のさなかは病院に入っていくような気持ちになった。周りはみんなやつれ、沈痛な表情を浮かべていた。大げさに聞こえるかもしれないが、これは九・一一のときにマンハッタンを行きかっていた人たちの表情とよく似ていた。

二五階の私の事務所に着くと、険しい空気が充満していた。あの厳しかった数カ月間、社員たちはいつもよりも静かで、真剣だった。明るく冗談を言う人どころか、だれも話をしたがらなかった。はっきりとは言わなくても、みんなが明らかに給与の支払いを心配し、履歴書を書き始めていたのだろう。以前の私は、事務所の角にある自分の部屋のドアをいつも開けていた。しかし、それを閉めることが多くなったのは、外の世界を寄せ付けないことで、意識的に憂鬱な空気が私の思考に感染しないようにしていたのだと思う。

今、当時のことを振り返ると、気持ちをうまく制御できたことは良かったと思う。そのころには、強烈なプレッシャーに流されないくらいには、私の心も鍛えられていた。バリュー投資の永続的な力を心から信じていたことも、助けになった。私はこの手法で一〇年間うまくやってきたし、生き残ることさえできれば、この先もそれが長く続くに違いないと思っていた。

それでも、冷静かつ前向きでいるのは簡単ではなかった。そこで私は、ストレス対策のひとつとして、トニー・ロビンから学んだ方法を用いた。逆境にうまく対処した自分のヒーローについて学び、彼が自分の側にいてくれるつもりで、彼らの姿勢や行動をまねしたのだ。このとき、私がモデルとしたのは、歴史上の人物で、ローマ皇帝でストア哲学者でもあったマルクス・アウレリウスだった。私は夜になると彼が書いた『自省録』を抜粋して読んだ。彼は、逆境は、勇気と、不屈の精神と、回復力を示すチャンスとして、歓迎し、感謝すべきだと書いている。おびえてはいられない時期に、この言葉は私にとって大いに力になった。

また、探検家のアーネスト・シャクルトン卿が私と同じ状況にあればどうするだろうかとも考えた。彼は、南極探検という大事業で、エンデュアランス号（船）が氷に阻まれて身動きがとれなくなったり、最初の基地を出発するのが早すぎたりするなど、重大な間違いを犯した。しかし、その間違いをひきずらず、結局、隊員全員を生還させたのである。彼のことを考えれば、私の犯した間違いなど全体の過程における許容部分だと思うことができた。実際、間違いを犯したり、たまの嵐に見舞われたりすることなしに、友人や家族の財産を運用していくことなどできはしない。私も、シャクルトン卿のように、すべてを失ったわけではないと自分に言い聞かせ、対岸にたどり着くという信念を持ち続ける必要があった。

高名な故人の助けを借りて、私は理性を保ち続けることができた。私は心を落ち着けてポートフォリオを何回も見直し、ファンドの運用資産が生き残ることができる投資先かどうかを繰り返し確認した。自分の分析には自信があったので、アメリカン・エキスプレスを始めとする主な投資先は一株たりとも売りたくなかった。アメックスの株価は、二〇〇九年三月には約一〇ドルまで下げた。しかし、それでも持ち続けた結果、それから何年かで九倍の利益をもたらした。

ただ、リスクが大きすぎる銘柄がひとつだけあった。中古車販売のカーマックスだ。株価はすでに半分になっていたが、低コスト融資の難しさを考えると、ビジネスモデル自体が破綻するのではないかと心配した。しかし、これも杞憂に終わり、カーマックスでさえ反転した。この銘柄に限って言えば、私はマーケットに充満している恐れに影響されて、合理的な思考ができていなかった。この件は、どれほど注意深く警戒しても、自分が不合理な恐れに影響を受けないわけではないということを思い出す良いきっかけになった。

この時期、私は投資家の解約に応じる一方で、信じられないほど安い株を買っていった。例えば、ロンドン・マイニングPLCは、現金保有額を割り込んでいた。また、一等地の不動産を数多く所有しているブルックフィールド・オフィス・プロパティースの評価額は、代替コストよりもはるかに安くなっていた。アルゼンチンで価値ある広大な農地を所有しているクレスードの株は、同社のIRSA(アルゼンチンで上場している不動産会社)の持ち分よりも安くなっていたため、実質的にただで手に入れたことになる。ほかにも、鉱山会社のフォーテスキュー・メタル・グループは、積み出し港に比較的近い鉱床を開発し、海上輸送される鉄鉱石に競争力を持っていた。鉄鉱石の価格は暴落したが、私は中国の需要が今後も増え続けると確信している。

これらは素晴らしい銘柄だった。驚くほど安くなっていただけでなく、いずれ必ず値上がりする触媒的な要素を持っていたからだ。また、これらの会社は強力な収益源を持っていただけでなく、担保価値も高かった。つまり、勝率が極めて高かったのである。

これらはどれもパブライとの会話のなかで出てきたアイデアで、私は彼の卓越した分析力の恩恵を計り知れないほど受けてきた。彼が次々と投げかけてくる考えや洞察に、すぐにはついていけない私を見て、彼は「消火栓から水を飲んでいる人みたいだよ」とからかった。バフェットとの昼食会によってパブライとの距離が縮まり、友情が深まっていったことは、あの素晴らしい体験から得た最も貴重な報酬のひとつだと思っている。彼が型破りな知恵を私に分け与えてくれる寛大さに驚き、信用危機を通して正しい投資をする助けとなってくれたことが、私にとってどれほど重要なことだったかを語り尽くすことはとてもできない。

結局、これは失敗のしようがなかった。それから二～三年で、世界経済はゆっくりと平常に戻り、これらの株はすべて高騰した。例えば、ブルックフィールドは二倍になり、クレスードは三倍、ロンドン・マイニングは四倍になった。当時も思ったことだが、金融危機は一生に一回のチャンスだったのかもしれない。

投資に関してはうまくいっていた。ファンドの核となる銘柄の選択はとても良かった。しかし、ファンドの運営の仕方と、さらに言えば人生の運営の仕方について、根本的に変えなければならないことは分かっていた。金融危機は、投資の成功が素晴らしい株を選ぶことだけではないということを教えてくれた。苦しい経験を通じて学んだのは、自分のためにできるかぎり良い環境（物理的にも、知的にも、気持ち的にも）を整えなければならないということだった。そうすれば、ファンドをより効率的に運営できるし、金融危機で直面したような悪影響にも惑わされにくくなるからだ。

バフェットやパブライのように、私ももっと戦略的に自分の環境を整えていく必要があった。彼らの知性をまねることはできないが、彼らに構造的な優位をもたらしている環境はまねすべきだということが私のなかで明確になっていったのだ。

私はリセットボタンを押すことを決意した。なかでも最大の決断は、二〇〇九年夏に、ニューヨークを離れてチューリッヒに移住することだった。

すべての投資家にとって、心を乱すさまざまな要素と折り合いをつけていくことは最大の課題のひとつと言ってよい。私たちは、自分が合理的な生き物だと思いたいが（そう言える部分もある）、実際にはそうとも言い切れない部分がある。金融危機は、特にその極限状態においては、投資家がいかに非合理的になり得るかを、残酷な形で教えてくれた。

私を含めて、プロと呼ばれる人たちも、気を逸らせる雑音と無縁ではいられない。私は、自分の会社の株式アナリストや、顧客の機関投資家、外部のマーケティングの専門家などが暴落するマーケットの真っただ中で冷静さを失い、まさに買うべき瞬間に売却してしまうのを直接、目にした。みんな他人事のように「群衆の混乱」について語っているが、金融業界の知的なエリートの混乱についてはどうなのだろうか。私の経験では、私たちも同じ愚行に走る可能性は十分あると思う。実際、混乱を牽引しているのは、私たちの側であることが多い。

そもそも心は混乱するもので、投資という課題には痛ましいほど適していない。本書は科学書でも脳の構造の解説書でもないが、合理的に考え、投資することがなぜこれほど難しいのかは、少し考えてみる価値がある。

多くの人が、脳はひとつの組織、つまり情報を合理的に取り入れ、計算し、答えを出す新皮質のことだと誤解している。ちなみに、新皮質は先駆的な心理学者で、二〇〇二年にノーベル経済学賞を受賞したダニエル・カーネマンが、「遅い思考」と呼んでいる部分である。私自身は、自分のことを戦闘機のパイロットのようなイメージでとらえ、コックピットのパネルに集中し、最善の判断を下していると勘違いしていた。

良い大学では、この合理的な高次思考を発達させるための教育が行われている。友人のケン・シュービン・スタインは、コロンビア・ビジネス・スクールで投資の上級クラスを教えている。この素晴らしいコースでは、投資リサーチについて膨大な量の役立つ洞察を与えてくれる。ここでの学習や分析は、学生が卒業したときに、学んだことが合理的に投資判断を下す新皮質の一部として機能するという想定で行われている。ただ問題は、脳には反理性的で本能的な部分があり（カーネマンが「速い思考」と説明している部分）、実際の判断はほとんどがここで行われてしまうことにある。

もちろん、脳はこれよりもはるかに複雑にできており、さらに詳しく知りたければ、カーネマン、ダン・アリエリー、ジェイソン・ツバイク、ジョセフ・ルドー、アントニオ・ダマシオなどの本では明快に説明されている。私は行動経済学や神経経済学に関する本を読んで、判断

資 料 請 求 カ ー ド

ご購読ありがとうございました。本書をご購読いただいたお礼に、投資に役立つ資料（投資ソフト・書籍・セミナーのカタログ etc...）をお送りいたします。ご希望の方は郵送かFAXでこのカードをお送りください。

●どこで、本書をお知りになりましたか？

1.新聞・雑誌（紙名・誌名 ）
2.TV・ラジオ　3.ポスター・チラシを見て　4.書店で実物を見て　5.知人にすすめられて
6.小社の案内（a.ホームページ　b.他の書籍の案内　c.DM）　7.その他（ ）

●ご購入いただいたきっかけは？

1.著者に興味がある　2.内容に興味がある　3.タイトルに惹かれて　4.わかりやすそう　5.装丁
6.その他（ ）

●本書についてのご感想をお書きください。

電子メール（info@panrolling.com）でもお送りください。
ホームページで書評として採用させていただく方には、図書カード500円分を差し上げます。

ご購入書籍名		
ご購入書店様名	書店様所在地	
フリガナ お名前	性別　男・女 年齢	
住所　〒		
電話番号		
電子メールアドレス		

資料請求はコチラからでもOK

FAX：**03-5386-7393**
E-mail：**info@panrolling.com**

過程における意外さや複雑さに魅了された。例えば、神経学者のベンジャミン・リベットによれば、行動するという決意は、それを決めたことを認識する前から始まっているという。また、一九世紀の有名なフィニアス・ゲージの件もある。事故で脳の一部を損傷したゲージは、普通に生活できているように見えても、合理的な判断が下せなくなっていたのである。

また、脳がさまざまなタイミングで出されるシグナルに対処する様子を示したリサーチも興味深かった。例えば、話相手の唇の動きは瞬間的に目に入り、唇が発する音はあとから入って来るにもかかわらず、私たちはそれらのシグナルが同時に発せられたと認識する。言い換えれば、現実は私たちの脳が作ったもので、それは必ずしも正確ではないかもしれないのだ。

このようなリサーチを読んだことで、私は脳が想像していたほど扱いやすいツールではないことを知った。株式市場の参加者にとって最大の問題のひとつは、脳の半理性的で直感的な部分が切迫した気分変動の影響を受けやすいということにあり、このなかには突発的に起こる不合理な楽観主義や悲観主義も含まれている。実際、お金に絡む問題は、私たちの脳の「半理性的」な部分を活性化することがよくある。金融リスクが高まっている状況で、自分が危険にさらされていると感じると、無意識のうちに直感が始動する。ちなみに、そのあとで新皮質が直感で下した判断を合理化することもある。

自分がどのような人間か（そしてどのような投資家か）を理解するためには、私たちが進化してきた環境について考えてみるとよい。解剖学的に見ると、大きな脳を持つ現生人類は約二

○万年前に誕生した。私たちの脳のなかで、最も新しく進化したのが合理的な思考をつかさどる新皮質だ。ただ、人類の歴史のほとんどにおいて、私たちは現代とは劇的に違う環境にいた。今日の私たちの心の装置は、狩猟採集民だった私たちの祖先が暮らしていた荒野で生き残っていけるように進化した部分がほとんどを占めている。そして、脳に埋め込まれている原始的な生き残りの動作は、新皮質を簡単に迂回して行動に至ってしまうのである。

自分がアイザック・ニュートンにだってなれる可能性があると思っている人もいるかもしれないが、私たちの脳には先に述べたような要素が備わっていることを忘れるのは危険なことだ。実際、ニュートン自身もそのことを知っていればよかったのかもしれない。投資家としての彼は、南海バブルで生涯の蓄えをなくしたという不名誉な事件で有名だ。このときのことについて、ニュートンは皮肉を込めてこう言っている。「天体の動きならば計算できるが、人間のおろかさを計算することはできない」

問題は、私たちの脳が非常に非合理的だということだけではない。経済の世界も、驚くほど複雑に動いているのだ。私の場合、オックスフォードやハーバードで学んだ明快な経済理論によって、この恐ろしいほどの複雑さが見えていなかった。私が投資を始めて二〜三年が過ぎたころ、マネーマネジャーのニック・スリープが学際的な研究を行っているサンタフェ研究所を紹介してくれた。この研究所の理事がレッグ・メイソンの聡明なファンドマネジャーであるビル・ミラーであることを知っていた私は、ここで発表された論文を読み始めた。

私がそのなかから学んだことは、経済を複雑な適応システムとして考えるべきだということだった。経済学者がこの概念を嫌うのは、複雑な適応システムはモデル化できないし、これまで学んできた公式が当てはまらないからだ。それに私たちは、魅力的で、調和がとれていて、難解なアイデアに引き付けられる傾向がある。例えば、一般均衡理論は、世界がどう動くべきかを見事に説明しており、政治家にとっては役立つ指針になるかもしれない。しかし、これが私たちの現実の受け止め方をゆがめることにもなっている。

ビル・ミラーやチャーリー・マンガーのような博識な投資家は、標準的な経済モデルがマーケットには不適切だとすぐに気づき、生物学の考え方で構築したモデルのほうがうまく適合することを発見した。サンタフェ研究所の論文に触発され、私はバート・ヘルドブラーとエドワード・O・ウィルソンによる『蟻の自然誌』（朝日新聞社）を読んだ。この本には、蟻の種類ごとに違う生き残り戦略と、さまざまな種がいかに共進化し、生存競争してきたかが書かれている。私は経済学を大学で何年もかけて学んだが、この一冊はそれ以上のことを教えてくれた。おかしく聞こえるかもしれないが、本当だ。それは、蟻の巣が経済と同様、複雑な適応システムになっているからなのである。蟻について読むのは素晴らしい体験だった。例えば、蟻の巣の運営は、いくつかの単純な基本ルールによって行われているが、それだけで無数にある生死にかかわる困難な問題を解決できているのである。

私はすぐに、これが金融や経済の世界を分析する役に立つモデルだということに気づいた。

そして、そこからマンガーの格子（ラティス）のイメージを用いたメンタルモデルを連想した。そこで、私は彼に『蟻の自然誌』を一冊送ることにした。うれしいことに、彼から「長いこと読みたかった本だ」という手書きの返事をもらった。そのあとも、私は次々と生物学の本を読んでいった。これらの本から学んだことは私の感覚に深く浸透し、経済を非常に複雑で進化し続ける生物学的な生態系（エコシステム）として考えるのに大いに役立った。会社も蟻と同様に、繁栄するための戦略を導入しなければ、消滅するリスクにさらされているのである。

そして、それ以外の複雑系の研究にも、経済の仕組みを解明するのに役立つモデルがたくさんあることに気づいた。例えば、デンマークの理論物理学者のパー・バクは、共同執筆した論文のなかで、砂山の同じところに砂を落とし続けるとどうなるかを示した。砂の山はいずれ「自己組織化臨界」の状態に至り、そのあと雪崩が発生するが、そのタイミングや大きさを予想することはできない。このモデルは、雪崩と共通点が多いマーケットの暴落について興味深い洞察を与えてくれた。投資家にとって最も重要なことは、自己組織化臨界を避けることである。ちなみに、二〇〇八～二〇〇九年の株価暴落の前は実質的にその状態になっていたと考えられる。

大事なことは、私が大学で学んだ美しい経済理論が、経済市場や金融市場の複雑さをまったく説明していなかったということだ。しかし同時に、私たちの脳はこの圧倒的な複雑さに直面すると、できることはほぼ限られていることも分かった。この不均衡は、投資家にとって深刻な問題である。つまり、私たちは、非合理的な脳で、過度に単純化された経済理論を使って、この信じられないほど複雑な世界を何とか理解しようとしていたのである。勝率は推して知るべしだ。

ちなみに、これは知的で身勝手な理屈ではなく、すべての投資家にとって、非常に現実的な挑戦なのである。自分に有利なように均衡を崩し、自分に極めて不利なこの戦いの勝率を高める方法はないのだろうか。次の何章かは、根底にこの問いがある。

あとから考えれば、大学で学んだ経済モデルをもっと疑ってかかるべきだった。というわけで、これからオプション価格を算出するためのブラック・ショールズ・モデルや、ケインズのマクロ経済学や価格の硬直性、マクロ経済のＩＳ－ＬＭモデル、合理的期待仮説、ハーフィンダールの産業集中度、ルディガー・ドーンブッシュの為替レートのオーバーシューティングモデルなどについて、学識的な考察を披露するつもりはないので、安心してほしい。

もちろん、これらの理論も魅力的だし、もしメンサのパーティーや中央銀行の会合などで恋人を探したければ役に立つかもしれない。あるいは、一級の学位を修得したり、教職を得たりするためにも使えるかもしれない。しかし、私の経験から言えば、投資の助けにはあまりならない。問題は、経済理論の多くが、世界は理論的に明快な動きをすることを前提としていることで、それは私たちが実際に生活している混乱した現実とはかけ離れている。

そのうえで言えば、大学で習ったことのなかには、捨て去るべきではない役立つこともたくさんあった。例えば、真剣な投資家にとって、企業の財務諸表の読み方を知っておくことは不可欠だ。これは、単純に現金と発生主義会計の違いを把握することにとどまらない。会計規則は、悪用をすれば収益をゆがめたり、良くも悪くも収益の質を変えたりすることができる。MBA（経営学修士）やCFA（公認証券アナリスト）の資格を修得している人は、この種の分析の基本はすでに学んでいる。また、基本的な知識を得られる本もたくさんある。例えば、ベンジャミン・グレアムとデビッド・ドッドや、マーティ・ウイットマン、ジョン・ミハルジェビック、セス・クラーマン、ジョエル・グリーンブラットなどの本を読めば、私がここで語る必要はない。

残念ながら、投資本の多くは、テクニカルスキルのことばかり書いてある。もちろん、ROI（投下資本利益率）、PER（株価収益率）などといった基本的な概念を学ぶのもよい。しかし、このように簡単なことだけでは分かることも限られている。ビジネススクールを卒業するためには、一〇K（有価証券報告書）や一〇Q（四半期報告書）だけでなく、ほかの財務諸表も読み解いていく必要がある。しかし、最大の難題は脳自体だと私は思っている。脳は、私たちを今いる場所に導いたものではあるが、最大の弱点でもあるからだ。脳は、非合理性の海に漂い、不意の嵐にさらされる小さなボートなのである。そのうえ、脳については最も優秀な脳神経学者ですら完全には解明できていないのだから、投資家が理解できないのも当然だ。

行動経済学や神経経済学の本を読み始めたころは、脳がどう機能し、どう機能しないかという最大の謎のひとつを探究しているスリルを感じた。しかし、当時の私は、非合理的な傾向を知性で補うことができると誤解していた。脳の弱点について知ったことで、私は無意識のうちに、脳の落とし穴がどこにあるかを理解したのだから、もう失敗はしないと安心していたのだ。しかし、知識と自己認識では十分な対策はできないということがだんだん分かってきた。私たちは脳を使って脳を書き換えることはできないからだ。つまり、脳の弱点が分かったとしても、私たち人間の脆弱性は変わらないのである。

それならばどうすればよいのだろうか。それについては、私がこれまで学んできたことが何らかの役に立つのではないかと期待している。

D・H・ブレアや金融危機などの辛い経験をへて、私は自分が本当に合理的な思考ができるという誤った前提を払いのけることが絶対不可欠だということを知った。その代わりに、自分の脳にいかに不備があるかを謙虚に自覚していることが私の投資家としての唯一の利点だということも分かった。そして、このことを受け入れると、自分の心のなかにある地雷を知ったうえで、それを回避するための一連の現実的な対処方法を計画できるようになった。

実は、この地雷は私の場合、特に危険だった。二〇〇四年ごろ、マウントサイナイ医科大学で教えている友人が同僚のメアリー・ソラント博士と一緒に、心理テストを送ってくれた。一連のテストの結果から、博士は私がＡＤＤ（注意欠陥障害）だと診断を下した。これらのテストは、特に強いストレス下においては私が極限まで集中するハイパーフォーカス状態になれる反面、日常生活では注意力の欠陥が見られることを示していた。私はじっくりと考えることができる一方で、注意力が散漫になり、今の時間や、鍵をどこに置いたかなどが分からなくなることがあるのだ。

私は、ADDに対処するため、身の回りを単純にする回避策を講じる必要があった。例えば、事務所に大きな時計を置いて時間を把握できるようにしたり、机を整頓して気が散らないようにしたり、物の置き場を決めてなくさないようにしたりするといったことだ。また、個人的なアシスタントを雇った。その主な仕事は私を監督することで、飛行機に乗り遅れないとか、人との約束を忘れないとか、事務所を出るときは正面の扉を閉めるなどといった単純なことで失敗しないよう管理してもらうことにした。

回避策を構築し、日常の悪い回路を断ち切ったことは非常に有益で、ADD対策になっただけでなく、より良い投資家になる助けにもなった。実を言えば、私たちはみんな脳に欠陥があるのだが、あなたのそれは私のとは劇的に違う。そのうえであえて言うが、私は投資家が自分の環境を構築して、気持ちの弱さや、独自の気質や、非合理的な傾向に対応できるようにすることが不可欠だと思うようになった。

私はチューリッヒに移ったあとも、かなりのエネルギーを注いで理想の環境を整えることに集中した。私がもう少し合理的に行動するための環境だ。目的は、より賢くなることではない。私の脳が極端な邪魔や不穏な力の集中砲火を受けず、私の非合理的な面を悪化させない環境である。私にとって、これは人生を変えるアイデアだった。すでに投資の取り組み方は根本的に改善し、生活はそれまでよりも幸せで落ち着いたものになっていた。この効果を十分分かってもらえればうれしい。

詳しくはのちの章に書くが、変わったのは私の環境だけではなかった。私は、自分の非合理性を回避するために、基本的な習慣や投資の手順も見直したのだ。私の脳があきれるほど不完全であることは変わらない。しかし、さまざまことを変えることで、戦いの場がほんの少しだけ私に有利になったのである。私にとっては、このほうが、アナリストの四半期レポートや、トービンのq比率や、多くの投資家たちの気を散らせる雑音となる評論家の役に立たない予想などよりもはるかに役に立った。

金融危機によって、脳の合理的でない部分を管理することが、株のポートフォリオを管理するうえで不可欠だということを私は確信した。また、それをマンハッタンで行うことがいかに難しいかもよく分かった。私たちの脳の回路は人によって少しずつ違うが、ニューヨークという場所（エネルギーと競争がやむことがなく、巨大な富が集まっているところ）では、私の非合理的な性格の一部が強まり、それは良い投資にはつながっていなかった。私は、他人の期待に応えるためのプレッシャーや、ニューヨークで繰り返し起こる混乱した出来事に邪魔されずに、静かに考えて、長期的投資ができる場所を必要としていた。

ちなみに、ニューヨークのような環境が合っている素晴らしい投資家もいる。デビッド・アインホーンはかの地で成功を収めたし、セコイア・ファンドのマネジャーたちもそうだ。ただ、精神的に安心できる地元が近くにない分、私のように外から来た人間にとっては難しいのではないかと思う。ニューヨークやロンドンのような金融センターが煽る抑えられない欲望（このなかには怒りや嫉妬も含む）によって、よそ者は簡単に心の平衡を失いかねないのである。

ナシーム・ニコラス・タレブの『ブラック・スワン』（ダイヤモンド社）に出てくる印象深い言葉を引用すれば、大都会は「果ての国」なのである。さまざまな研究から、近所の人との富の差は、私たちの幸福度に大きな影響を及ぼすことが分かっている。もしそうならば、ブラックストーン・グループのスティーブ・シュワルツマンのようなニューヨーク在住の億万長者が、私の非合理的な脳を不安定にさせるきっかけになることも十分あり得る。心に変調を来すほどの圧力に対するしっかりした方法がないかぎり、彼らにはじき出されてしまうことになるだろう。例えば、本当は不要なリスクをとらずに妥当な複利の力で資金を増やすことに静かに集中すべきなのに、極端な富が近くにあるとホームラン狙いの投資に手を出したくなるかもしれない。

少なくとも私にとっては、そこまで極端な差がないところに住むほうが良いように思えた。私の欠陥と弱点を考えれば、タレブが「月並みの国」と呼ぶような平凡な暮らしができる場所のほうが、合理的な運用ができる可能性が高いと思ったのである。

そこで、私はマンハッタンに代わる場所を積極的に探し始めた。最初はオマハに移住することも真剣に考えた。バフェットにとってあれほどうまく機能しているからだ。また、パブライが住んでいるカリフォルニア州アーバインも考えた。そのほかにも、ボストン、グランドラピッズ、ボルダーといったアメリカの都市を調べ、そのあとはミュンヘン、リヨン、ニース、ジュネーブ、オックスフォードなどといったヨーロッパの比較的地味な都市も調べた。

しかし、最後にローリーと私はチューリッヒで合意した。ここは私が子供のころから何度も訪れていたところで、とても好感を持っていた。近年は、世界でも質の高い生活ができる都市のひとつだという研究も目にしていた。理由は簡単だ。小さくて、安全で、手ごろで、素晴らしい建物があり、空気や水がきれいで、素晴らしいインフラが整っているからだ。良い公立学校もある。美しい山もあり、素晴らしいスキー場も近い。市街地の近くには立派な空港があり、ニューヨーク、サンフランシスコ、シンガポール、上海、シドニーなどに直行便も出ている。

チューリッヒは生活費は高いが、かなり平等な社会でもある。自然のなかの湖から公共プール（しかもこれがアップステートニューヨークの豪華な会員制ゴルフ場のプールよりも立派）まで、みんなが同じように利用できる。また、チューリッヒの卓越した交通網は非常に効率的で、地元の億万長者もこれを利用している。どうやっても手が届かないような別次元の大金持ちはいないため、ニューヨークやロンドンのような都市で感じやすい嫉妬や尽きることのない欲望を感じることも少ない。

チューリッヒが完璧だと言うつもりはないが、もうひとつ、注目すべき点があった。地域が純粋に信頼で成り立っていることである。例えば、電車に乗るとき、切符を確認されることはほとんどないし、改札機すらない。店では、顧客がワインやほかの製品をつけで買い、それが請求書と一緒に配達される。住民はみんな信用でつながっており、それがみんなの良い部分を引き出している。これはある意味、バフェット風の人生観に通じるところがある。バフェットは、傘下の会社の経営者を信頼して経営をすべて任せており、経営者たちはその期待に応えるようできるかぎりのことをしている。

また、チューリッヒは、心安らかに暮らすことができる場所だという印象を受けた。静かで、心地良く、若干退屈と言ってよいほどあまり何も起こらない。ここならば、不要な騒動に巻き込まれることなく家族と仕事に集中できる。ときどき、「退屈しないのか」と聞かれることがあるが、私は「退屈なのは良いことなんだ。投資家として望んでいるのは、まさにそれなんだよ」と答えている。集中が乱されることこそが問題だからだ。私に必要なのは、平凡で、控えめで、刺激的すぎない環境だ。もちろん、チューリッヒならば頭をすっきりとさせていられると考えたのは私だけではない。この町には、昔から自由な思考ができる場所として、カール・ユング、ジェイムズ・ジョイス、リヒャルト・ワーグナー、ウラジーミル・レーニン、アルバート・アインシュタイン、そしてティナ・ターナーなどが居を構えてきた。

さらに、ここならば投資業界の人たちに囲まれていないことも重要だった。周りの考えが浸透するリスクがないため、無理なく群衆の逆を行くことができる。また、みんながよく立ち寄るところでもないため、訪問客も少ない。友人や親戚など、本当に大事な人たちは来てくれるが、それ以外の人にあまり時間を割かなくてすむ。こう言うと冷淡で非情に聞こえるかもしれないが、自分の特異な性格や優先順位に適合する環境を作るためには、そういうことも考慮する必要があった。結局、チューリッヒに移ったことで、私は白紙の状態からやり直し、効率良く生活するために学んだことをすべて実践できるようになった。今度こそ失敗したくない。

次に私は、新たな環境のもうひとつの重要要素である理想の事務所探しにとりかかった。実は最初、間違ってチューリッヒのなかの果ての国の飛び地とも言えるバーンホフシュトラッセという高級街に一年契約で事務所を借りてしまった。ここは非常に優雅な場所で、高級店が軒を連ねている。しかし、このような超高級な環境は、不健全な欲求をかき立てることになり、私にとっての理想の環境とは言い難かった。そこですぐに、華やかなバーンホフシュトラッセから徒歩一五分ほどで、川の対岸にある場所に移った。このくらい離れていれば大丈夫だろう。

心理学者のロイ・バウマイスターは、意志の力は限りある資源なので、使い果たさないように注意する必要があるということを証明した。実際、彼の研究室では、チョコレートチップクッキーを断るという単純な行動でさえ、次の課題に向かう意志を弱めることを発見した。私の場合、ボーンホフシュトラッセのような場所から発せられる嫉妬や欲望を防御するために限られたエネルギーを無駄にしたくはなかった。それならば、単純に、私の非合理性を高め、かく乱する力に自分をさらしたりしないような環境を作るほうが良い。カギとなるのは、不要な精神的努力から心を開放し、私や投資家の利益になるような建設的な課題にエネルギーを使えるようにすることなのである。

これらのことについて熟考していると、私は自分が尊敬する投資家はみんな、意識的かどうかは別として、似たような方法で自分の環境を作り上げていることに気づいた。例えば、パブライは南カリフォルニアの華やかとは言い難いビジネス街に事務所を構えており、近くに金融機関はない。以前、彼にアーバインの豪華なショッピングセンターに事務所を構えないのかと聞いたことがある（近くには彼のお気に入りのレストランもある）。すると、「ガイ、見かけの華やかさなんていらないよ」という答えが返ってきた。彼は、環境が自分の心に与える影響を理解していたに違いない。

同様に、世界で最も成功している投資家のひとりであるセス・クラーマンも、ウォール街の興奮から遠く離れたボストンに、派手さが微塵もない事務所を構えている。彼ならば、チャールズリバーを見下ろす超高層ビルの最上階だって難なく借りることができるはずだ。また、ロンドンのニック・スリープは、キングス・ロードのミートパイ屋のすぐ近くに事務所を構えており、そこはイギリスのヘッジファンドのメッカとなった高貴なメイフェア地区から遠く離れている。ホワイト・リバー・インベストメント・パートナースを運用するアレン・ベネーロは、サンフランシスコ市内の金融街とは離れた場所に特徴のない事務所を置いている。そして、前にも書いたとおり、バフェットはオマハのキーウイット・プラザ（ここも華やかと評されることはない）に隠れている。

しかし、このことは投資家として成功するための重要だがまだあまり知られていない要素だと思う。そして、もちろん私も、自分なりのオマハを作ることにした。

そのうえで言えば、私はバフェットではないし、それは知能指数の問題だけではない。例えば、私は自分の事務所からの景色を重視しているが、彼は景観のことなど構っていない。私は窓の外の木々や、そのほかの元気が出そうなものを眺めるのが好きだが、彼はいつも事務所のブラインドを下ろしている。しかし、そのほかについては、彼がオマハに築いた環境を意識的にまねた。例えば、彼の事務所は市の中心部から少し外れたところにあり、自宅から車で約一〇分で行ける。アーバインにあるパブライの事務所も、やはり自宅から約一〇分の場所で、中心部から少し外れている。私も彼らのまねをして、自宅から徒歩一二分、電車ならば七分、市の中心部から少し外れたところに事務所を構えた。私にとって、市の中心から離れているほうがうまくいく理由のひとつは、突然の訪問客が少なさそうだということがある。ここまで訪ねてくれるのはそれなりの理由があるはずで、価値のある訪問である可能性が高い。

私は注意深く考えながら、これらの決断を下していった。例えば、パブライと私は、通勤時間については特に長いこと話し合い、一〇～二〇分が理想的だという結論に達した。これは生活の質を向上させるのに十分な近さだが、仕事と家を区別するにも十分な距離だと思う。私のように仕事に取りつかれてしまうタイプには、このような区別をすることが助けになる。そして、仕事に没頭していないときは、家族と家で過ごすことも必要だ。同じ理由で、趣味を持つことも重要だ。私もさまざまなことをしているが、なかでもジョギングとスキーが好きで、これは健康に良いし幸福感を味わえるだけでなく、頭をすっきりとさせて、マーケットの変動で揺れ動く気分を吹き飛ばしてくれる。もし事務所に閉じこもって、株の分析だけをしていたら、私の下す判断や投資リターンばかりか、健康や家族との生活も悪い方向に向かうだろう。

いずれにしても、すべてはつながっていた。最初に良い環境を作ろうと思ったのは、リターンを押し上げるためだった。しかし、そのための決断がより良い人生へとつながったのである。

事務所のなかの環境も、言うことを聞かない私の頭が合理的かつ効率的に仕事ができるように注意深く整えていった。ここでも大事なのは、己を知り、それに合わせていくことだった。前述のとおり、私の欠陥のひとつは、すぐに気が散ることなので、この問題に対処できる物理的な環境を考えなければならない。とはいえ、コンピューターもeメールも使わずに素晴らしい仕事ができるバフェットと違い、私にはコンピューターが必要だった。しかし、インターネットやeメールが大いに私の邪魔をすることも分かっていた。そこで、集中を切らさない対策として、私は物理的に部屋を分けることにした。

廊下の一方の端には、電話やコンピューター、四つのモニターなどを設置した「忙しい部屋」を置いた。そして、コンピューターとモニターは、高さが調節できる机に置き、立ち上がらないと使えないようにした。eメールに返信するのは知的作業ではないが、つい長くかかってしまうことがある。そこで、意図的に座らない設定にしたのだ。奇妙に見えるかもしれないが、目的は、私が静かに落ち着いて考える空間を作ることなのである。このような小さいことの積み重ねが、私の勝率を上げることにつながっていくと思っている。

廊下のもう一方の端の部屋は、図書室と名付けた。この部屋には電話もコンピューターもない。私はできるだけ長い時間、この部屋で作業をしたり考えたりしたいため、温かくて居心地のよい部屋にした。ここは財務諸表の山を分析したり、壁際に並ぶ本棚から本を選んで読んだりする場所だ。私がドアを閉めているときは、だれも邪魔をしないことになっている。また、図書室は昼寝部屋でもある。実は、パブライも事務所で昼寝をするし、バフェットも昼寝の場所を設けていると言っていたのは偶然ではないだろう。これは、怠けているのではない（少なくとも、そうでない部分もある）。日中に転寝をすると、頭がすっきりするし、雑音を締め出せるし、自分をリセットすることができる。

ささいなことだと思うかもしれないが、事務所の装飾も違いを生む。オックスフォード・カレッジの食堂には、高名な卒業生たちの肖像画が飾られている。彼らの存在は、学生たちを多少は鼓舞することになる。私も、自分の事務所にチャーリー・マンガーの胸像を飾った。彼を神聖視しているわけではないが、彼の存在を常に意識していたかった。そうすれば、少なくとも彼がハーバードで講演した「判断を誤る二四の標準的な理由」を思い出すきっかけにはなる。同じような理由で、忙しい部屋と図書室にはチャリティー昼食会でバフェットとパブライと一緒に写った写真を飾った。

私には、これらの効果を科学的に説明することはできない。しかし、私の印象では、影響力が大きい人をモデルにするときにミラーニューロンが役に立っていると思う。事務所でマンガーやバフェットを目にすると、彼らの存在が私の思考に影響を及ぼし、戦いの場をさらに自分に有利にできるような気がする。ちなみに、そう思うのは私だけではないのかもしれない。かつて、ウィンストン・チャーチルが暮らしたチャートウェルで彼の書斎を見学したとき、彼が机の上に置いていたものが印象に残った。このなかには、ナポレオンの胸像、ネルソン提督の磁器胸像、南アフリカのヤン・スマッツ首相の写真などが含まれていた。あれは恐らくただの飾りではない。チャーチルはきっと、同じ状況ならば有名なリーダーたちはどうしただろうかと自問するときがあったのだと思う。十字架などの宗教的な物も、より良い行動を促すために、似たような役割を果たしている。ミラーリングの効果を考えると、自分のヒーローやロールモデルを真剣に探すことはとても重要だ。

事務所には、ほかにも父の写真や、最初に投資してくれた何人かの写真も飾った。このなかには、父の仕事上のパートナーも何人か含まれている。これを見れば、自分がだれのために働いているのかを思い出し、投資家への責任を見失うこともない。最近では、写真家を雇って、白黒写真ですべての投資家の肖像写真を撮ることも検討している。

チャリティー昼食会から一年ほどたったころ、バフェットが寛大にもパブライと私にオマハの彼の事務所を案内してくれた。私は、彼が合理的な判断を下す能力を高められるよう自分の環境を構築していることに魅了された。なかでも目を引いたのは、心を乱す物が何もないことだった。椅子は二つだけで、大きな会議ができる場所はない。これは不要な付き合いを阻止する現実的な方法だと思った。彼の部屋は窓のブラインドがすべて下がっており、きっとそれが目の前の仕事に集中する助けになっているのだろう。

彼のデスクの後ろの壁には、目立つところに彼が尊敬する父、ハワード・バフェットの写真が飾ってあった。ローウェンスタインによるバフェットの伝記によれば、ハワードは「揺るぎない倫理観の持ち主」で、「視察旅行の誘いを拒否し、給与の一部を返上したこともある。一期目の途中で、下院議員の報酬が一万ドルから一万二五〇〇ドルに引き上げられたとき、ハワードは変更前の給与で当選したことを理由に、増額分を返上したのだ」という逸話が載っていた。バフェットがこんな父親の影響を受けたことは間違いない。バークシャーの経営者として控えめな報酬で満足しているのは、同じような誠実さと利他主義の感覚なのだろう。さらに言えば、この写真を見て、仕事環境の構築に自分のロールモデルとなる人のイメージを取り入れることがどれほど助けになるかを再認識した。

バフェットのデスクはとても小さくて、書類の山ができる余地はないため、効率的に読み物ができるようになっていた。デスクの上には、未決済箱と既決済箱のほかに「難しすぎる」というラベルを貼った箱があった。完璧なチャンスがくるまで忍耐強く待つ案件を忘れないため、視界に入るようにしてあるのだ。彼の言葉を借りれば、「本当に良い球が来たときだけスイングします」。私は、「難しすぎる」の箱には遊び心もあるが、この箱の存在は彼の思考に多少の影響を及ぼしていると思った。ただ、このようなきっかけとなる要素も、バフェットがたぐいまれな頭脳を持っていなければ役には立たない。とはいえ、彼ほどの知性の持ち主が、デスクの上に物理的な箱を置いて注意を喚起しているのは興味深かった。彼の能力を考えれば、これは驚くほど謙虚な姿勢に見えた。

バフェットの部屋にブルームバーグの端末がないことも、彼の意図を感じた。実は、事務所の反対側の債券ポートフォリオを管理している部門には端末が設置されていた。バフェットも必要なときは見ることができるのだが、意図的にこの膨大な情報を遠ざけているのだろう。

同じようなことは、ロンドンのニック・スリープの事務所でも見られた。彼もブルームバーグの端末を不便な場所に置き、使うときだけ座りにくい低い椅子に座って見るようにしていたのである。バフェットと同様、スリープも意識的に自分の環境を整え、年間二万ドルも支払っている端末を使いにくくしていた。なぜなのだろうか。確かに、プロの投資家にとって、途切れることのない情報の流入は不可欠ではある。

私もブルームバーグ端末の扱いについては、相反する気持ちがあり、悩んでいた。これは素晴らしいツールだし、急いで株式のデータやニュースを知りたいときは非常に役に立つ。私がまだニューヨークの渦のなかにいたころは、ブルームバーグを契約していること自体が自分のエゴを鼓舞するという怪しげな役割も果たしていた。この端末は、最高に高いおもちゃを持つことができる特権階級の一員になったような気分にさせてくれたし、なければ同業他社に引け目を感じていたかもしれない。しかし、この愚かさの先に、さらなる深刻なデメリットがあった（同じことはロイターやファクトセットについても言える）。

これらのサービス（特に憧れの最高級品であるブルームバーグ）は、途切れることのない情報の魅力で巧みに顧客を誘惑する。膨大なニュースやデータが絶え間なく投資家の脳に送り込まれてくると、その蛇口を自分から閉めて、最も大事なことに集中するのが難しくなるのだ。銘柄コードが目の前で点滅し、ニュース速報の電子音が注目を引く。そして、すべてがそれ以外の何かにリンクしており、知らないうちにこの情報の冥府から抜け出せなくなってしまうのである。

私も、最初は夢中になった。マネーマネジャーになってすぐのころは、毎朝マンハッタンの事務所に着くと、真っ先にブルームバーグの電源を入れたものだ。画面が表示されると、クリスマスツリーのようなカラフルな光が無意識のうちにユーザーを行動に駆り立てる。しかし、自己認識ができるようになると、こうして行動を促されることも、何時間もさまざまな情報を追いかけることも、まったく仕事の助けにはなっていないことに気づいた。そして「これが自分の注意を向けるべき最善かつ最高の対象なのか」と考えるようになった。もし意志の力が限られているのならば、そのうちのどれだけを使ってこの情報という甘い誘惑を拒否すればよいのだろうか。

金融危機のときに、私はブルームバーグへの依存がいかに不健全かをはっきりと自覚した。雑音を排除してポートフォリオの長期的な健全性を考えることに集中すべきときに、悪いニュースの集中砲火は、簡単に私の意思決定の非合理性を悪化させかねなかったからだ。そこで、私は依存を断ち切ることにした。二〇〇八年末から二〇〇九年の初めにかけてマーケットが崩壊していたとき、私は何日間かブルームバーグの電源をまったく入れなかった。ブルームバーグと距離を置くためのもうひとつの作戦は、私個人のＩＤを無効にし、会社のＩＤのみを使うことにしたことだった。また、自宅に置いていた端末は、表示の色を落ち着いたくすんだ色に変えた。明るい色の点滅が私の非合理的な脳を動揺させて、不要な行動に駆り立てるリスクを最小限に抑えるためだ。

チューリッヒに事務所を構えるとき、私は再びブルームバーグ問題に直面した。すでに私はこのサービスにすっかり慣れていた。気持ち的に手放すのは辛い。それに、ときおり驚くほど役に立つことも分かっていた。ただ、それと同時に、これが私にとって利益以上に害をもたらすことも分かっていた。そこで私は、使いにくくするという妥協策を考えた。端末を、忙しい部屋の高めに調整したデスクに置いたのだ。こうすることで、ブルームバーグは立って使うことになり、そこで何時間も費やしてしまう危険は少なくなるし、無駄に気を散らすことも避けられるだろう。最近では、何週間もブルームバーグをまったく見ないで過ごすこともある。ただ、それでも必要なときに備えて端末は置いてある。かなり値段は張るが、幼児が握っていると安心する毛布と同じようなものだ。

もちろん、私の脳の合理的な部分は、ブルームバーグを撤去すべきだと分かっている。ないほうがずっとうまくいく邪魔な機械に、年間二万ドル以上も払う必要はないからだ。しかし、私は自分が誤りを犯すことを認めている。そして、完璧に合理的なふりをするよりも、自分の非合理性を正直に認めるほうが良いと思っている。そうすれば、少なくとも非合理的な自分を管理するための実用的な対策を取れるからだ。もしかしたら、それが私たちにとれる最善策なのかもしれない。

チューリッヒに移住した私は、人生のほかの部分も変える必要があった。目指していたのは、より合理的に行動し、邪魔を減らし、静かな環境を整えることだけではなかったのだ。二〇〇八～二〇〇九年の金融危機の経験はあまりにも強烈で、私は心の均衡を保つのが難しかった。このことは、投資家の最大の課題と言ってもよいだろう。体が健康で、プライベートも充実していて、心の均衡を保つことが重要だということはみんな分かっている。しかし、この心身統一的な展望は、空想でも新時代の夢でもない。実は、投資以外の人生がうまくいっていなかったり、いいかげんであったり、未熟なままだったりする人は投資もうまくいかない、というのは本当のことなのである。

優れた投資家が、心理面の難しさについて語ることはあまりない。しかし、ジョージ・ソロスは、「自分がファンドを動かしているのか、ファンドが自分を動かしているのか分からなくなるときがある」という言葉で、投資のストレスを表現している。その一方で、バフェットは毎朝タップダンスを踊りながら仕事に向かうと言っている。彼の遊び心と人生に対する熱意は、彼のユーモアや、ブリッジ好きであることからも分かる。彼はこれらのことに情熱と喜びを見いだしているのだ。

私も、自分の人生にもっと喜びを増やし、このところ失っていた遊び心を取り戻したかった。金融危機に見舞われたときは、この仕事を辞めざるを得ないと思ったこともあった。実際、修羅場と化したマーケットで、無数のファンドが破綻した。ビル・ミラーほど有名な投資家も、大きな痛手を負い、評判を落とした。ほかにも、ハーバードの一年先輩で、私が知るなかで最も賢い人のひとりは、資産が八〇％も暴落し、ファンドを閉鎖せざるを得なくなった。当時、彼はまだ四〇代前半だったが、投資家としての輝かしい経歴は終わったように見える。私にとっても暴落は、投資家として死に瀕した体験だった。そして、この体験によって、私はどのように生き、何が本当に大事なのかを再評価させられた。

この自己分析の真っただ中で、私は仕事を生きるか死ぬかの闘いだと決めつけていたことに気づいた。この見方は、単純に極端すぎた。私は素晴らしい投資家を目指していたのではなく、ウォーレン・バフェットになろうとしていたのだ。私は長いこと、学校の試験結果や、大学の成績や、ファンドの投資リターンが私自身であり、私の価値を決めるすべてだと言わんばかりに、病的なほど目的のために集中してきた。

もしかしたら、これはイギリスの学校で身に付けた特性なのかもしれない。一一歳でイギリスの寄宿舎学校に入った私は、それまでにイラン、イスラエル、南アフリカと移住してきたエトランゼだった。私にとって、学校ではすべてが困難で、何とか生き残ることだけを常に考えていた。つまり、私はこの姿勢を大人になってもそのまま持ち続け、投資の仕事を剣闘士の戦いのようにとらえていたのである。しかし、金融危機が起こり、仕事を決死の戦いとしてとらえるような生き方は必ずしも良くないし、少なくとも幸福の処方箋ではないということに、遅ればせながら気がついた。

もっと楽に構えなければならない。形だけでも、タップダンスができるようになりたいものだ。

この自分改革の一環として、私はもっと楽しむことにした。そのひとつとして始めたのが、旅行だった。例えば、二〇〇九年はパブライと一〇日間インドに行った。昔の私ならば、このような冒険はけっしてしなかっただろう。私は休みなく働く義務がある気がして、家でもポートフォリオを見張っていなければならないと思っていた。しかし、目的を持たずに行ったインドの旅は、驚くほど内容の濃い経験となり、世界を新たな視点で見ることができるようになった。

そして何よりも、パブライが設立したダクシャナ基金が大規模で子供の教育を支援している素晴らしい成果を見ることができたのは良かった。また、陳腐な言い方に聞こえるかもしれないが、インドの人々が物質的には恵まれていないのに、とても幸せそうな様子だったことにも深く感銘を受けた。それとともに、より豊かな国では価値観がゆがんでしまうこともよく分かった。それから、投資家ではない側面のパブライの考え方を間近に見て、また魅了された。私にとっては、約束をすっぽかされたときや、相手の態度が悪かったときの彼の反応を見るだけでも学ぶことがあった。彼ほど冷静さと合理性がうまくブレンドした人を私はあまり知らない。

この旅行の途中で、私たちはマイソールで開催されたTEDインドにも参加した。これも楽しかった。それから何年かたって、私はTEDxチューリッヒの設立にかかわり、アート・バーゼルなどのイベントや、学校（オックスフォード、ハーバード、イスラエルにあるワイツマン科学研究所など）を支援する活動などにも参加するようになった。これらのことがより良い投資家になる助けになったかどうかは分からないが、思考の幅が広がり、興味深い知り合いが増え、人生に活気を与えてくれたことは間違いない。また、これらの活動が自分自身に忠実になるもうひとつの方法であることも、同じくらい大事だと思う。

チューリッヒでは、これらの活動をするとともに、意識的にあるタイプの人たちを避けている。前述のとおり、スイスに住んで、市の中心部の外に拠点を置くことで、「不要な」人たちが訪ねて来にくくなった。それなりの理由がない人はわざわざ来ないため、これは良いフィルターの仕組みを果たしている。また、チューリッヒに住むことで、ファンドのマーケティング専門家や、株式アナリスト、そのほかの「手伝い」を申し出てくるプロ（手伝うどころか、ニューヨーク式のヘッジファンドモデルに私を方向づけた連中）も一掃することができた。

　ただ、私はここに閉じこもるつもりはない。むしろその逆で、それまで以上に時間とお金を大きく投じ、自分にとって大事な人たちに会いに行くつもりだ。ケン・シュービン・スタインとは一緒にイスラエルに行った。カリフォルニア州には、ただ何日か尊敬するパブライと一緒に過ごすだけの目的で出かけた。さらに彼と私は、八人の「マスターマインド」グループを結成し、ラティスワーク・クラブと名付けた。このグループは何カ月かごとに集まり、近況報告をしたり、お互い助け合ったりしている。このグループのおかげで、私は感情を表現し、それまでよりも体系立てて内省できるようになった。

　おまけに、私は友人で、『**バリュー投資アイデアマニュアル**』（パンローリング）の著者でもあるジョン・ミハルジェビックと組んで、バリューエックス（VALUEx）という年一回のイベントをスイスで開催した。バリューエックスは、同じ考えを持った人たちの集まりで、クロスターースに集まって、食事やスキーをしながら友情を育み、投資のアイデアや知恵を交換している。二〇一四年は、七〇人以上が世界中からスイスに集結し、バリューエックスに参加してくれた。

　私は昔からスポーツも好きだ。しかし、チューリッヒに移ってからは、それまで以上に熱心に取り組んでいる。週に二～三日はジョギングをしたり、自転車に乗ったりするし、週末には子供たちをスキーに連れていく。

　同様に、遊びの楽しさも再発見した。金融危機によって、真面目になりすぎず、遊び心を忘れないことも大事だと再認識したからでもある。私がブリッジを始めたのは二〇〇七年ごろで、きっかけはパブライだった。彼はブリッジマニアで、それはバフェット、マンガー、ビル・ゲイツも同じだ。私は最初、マンハッタン・ブリッジ・クラブに入り、レッスンを受けた。基本的なことを覚えると、すぐにブリッジがただの楽しい気晴らしではなく、投資はもちろん、人生のスキルを磨く助けにもなることに気がついた。

実際、投資の準備として、ブリッジは本当に究極のゲームと言ってよい。もし私がバリュー投資のカリキュラムを組むとしたら、間違いなくそのなかにブリッジを入れる。そして、このゲームがよく分かってくると、チャーリー・マンガーが判断を誤る理由について話した講演で、投資について興味深いことを言っていたのを思い出した。「正しい考え方とは、ゼックハウザーがブリッジをするときの考え方のことです。簡単なことです。ただし、君たちの脳は、ゼックハウザーがブリッジでどうプレーすべきか自然に分かるように、正しい考え方が自然に出てくるわけではありません」。リチャード・ゼックハウザーは、ハーバード大学の政治経済学の教授で、同大学の投資判断と行動経済学の経営者向けプログラムでも教えているが、ブリッジプレーヤーとしても知られ、大会での優勝経験もある人物だ。専門は不確実性下の経済行動で、「インベスティング・イン・ザ・アンノウン・アンド・アンノウアブル」（不知と不可知への投資）などの論文がある。

投資家にとって、ブリッジにはチャンス、確率、思考、異なる情報量などの要素が織り込まれているところがよい。カードが配られると、見ることができるのは自分のカードだけだ。しかし、ゲームが進んでいくと、統計的な要素と情報量の違いが明らかになっていく。例えば、ビッドをしているときは、「私の右側のプレーヤーはクラブを二枚ビッドしたが、そこから彼の持っているカードは確率的にどう変わるか」などと考える。そして、プレーが続いていくと、「私のパートナーがスペードのエースでリードした。これは、彼女がキングを持っているか、スペードがもうないかのどちらかということになる」などと推測していくのだ。

投資でも、私たちは常に限られた情報で次の手を決めている。例えば、少し前に、パブライと私は、中国の自動車とバッテリーのメーカーであるBYD自動車について調べた。最初に興味を持ったきっかけはウォール・ストリート・ジャーナル紙の記事だった。それによれば、マンガーがこの会社を気に入ってバフェットに教え、バフェットは当時のバークシャーの最高幹部だったデビッド・ソコルを中国に派遣した。それから間もなく、バークシャーは親会社のBYDを通じてBYD自動車に出資し、ソコルはBYDの役員に就任した。

私たち投資家は、投資先について公開されているすべての情報に基づいて、確率的に精査する。例えば、私たちはマンガーの資金管理をしていたリ・ルーが中国系アメリカ人だということを知っていた。また、マンガーがBYDの王伝福CEO（最高経営責任者）について、次のような発言をしたことも読んだことがあった。「彼はトーマス・エジソンとジャック・ウェルチを組み合わせたような人物で、エジソンのように技術的な問題を解決し、ウェルチのようにすべきことができる。こんな人は見たことがない」
このような情報は、単体では大して価値がない。しかし、それらを組み合わせると、何が起こっているかが見えてくるし、それまでの企業情報を更新していくと、マンガーや、リ・ルーや、バフェットや、ソコルには見えていて、ほかの投資家は見過ごしていることを調べるよう促してくれる。

もともとこの会社は私の理解できる領域の外にあったが、当時、私はこの株に対する疑念をモニッシュに話した。結局、私が十分この会社の事業内容を理解し、自信を持って投資できるようになるまでには一年以上かかった。一方、私よりもブリッジの腕が上で、リスク選好度が高いパブライは部分的な情報から推測して判断を下し、私よりも早い時期にこの株を買った。彼曰く、バフェットとマンガーとソコルとリ・ルーがみんなこの株は勝ち組だと考えた点は大いに評価できる、ということだった。ちなみに、パブライは不完全な情報でも買う判断を下したため、私が十分な情報を集めてから買ったときよりもかなり安く買うことができた。

ブリッジプレーヤーとしての私は、不十分な情報から常にその根底の真実を探している。しかし、ブリッジは、何事も完全に理解するのは単純に不可能だということを教えてくれた。私たちに会社の内部で起こっていることの真相を突き止めることはできないため、統計的に推測するしかないのである。

このような考え方は、ほとんどの人がアメリカの巨大商業銀行（シティグループ、バンク・

オブ・アメリカ、ＪＰモルガン・チェースなど）を嫌悪するようになった信用危機のあとに、特に役立った。私はこれらの銀行を注意深く調べ、ブリッジをするときのように、「いったいどうしたらＪＰモルガンの二兆ドルの貸借対照表の意味合いを理解できるのか」などと自問した。そして、そんなことはできない、という結論に達した。むしろ、そんなことはＪＰモルガンの経営陣ですらできないということのほうが重要だ。少なくとも極めて正確には無理だろう。しかし、この銀行の財務内容と収益力について、確率的に推測することはできる。そしてさらに、「この先、これらの数字はほかの投資家たちの予想よりも良いか悪いか」と考えるのである。

そうこうしているうちに、バフェットがバンク・オブ・アメリカの優先株に五〇億ドルを投資したとニュースで知った。確率的に考えれば、バフェットはＦＲＢ（連邦準備制度理事会）が巨大商業銀行の再建を本気で支援すると考えていることになる。バフェットの投資によって、私はこれらの銀行が再びかなりの黒字体質になるまでＦＲＢが金利を引き上げないという考えに至った。私にとって、彼の確率の見極め方は啓示的だった。パブライによれば、バフェットは一九六九年から銀行株を買っており、この分野で損失を被ったことはないという。みんなが銀行株で苦戦しているなかで、バフェットによるお墨付きは私にとって大きな意味を持っていた。

おまけに、バンク・オブ・アメリカはライバルの半分以上が脱落し、むしろ以前よりも強固な地位を確保していた。銀行セクターではシステム整備に膨大なコストがかかるため、小規模の銀行では相手にならない。そのうえ、銀行の法的リスクも、みんなが思っているほど高くはない。例えば、エクソンバルディーズ号原油流出事故の訴訟のように、二五年たってもまだ続いているような事件もない。銀行セクターには何年にも及ぶ訴訟を受けて立つ体力があるからだろう。

結局、私は一連の巨大銀行株に大きく投資し、そのあとバフェットやパブライや私が予想したとおり、どれも大きく反発した。ブリッジを知ったことで、このような不確定な状況でも、以前よりもうまく状況を見極められるようになった。もしかしたら、多くの投資は非常に不確実だが、見かけほどリスクは高くないということがカギとなるのかもしれない。投資家はリスクを恐れず、ギャンブラーとさして変わらないと思っている人も多い。もちろん、なかには損失のリスクを軽視する無謀な投資家もたくさんいる。しかし、彼らはたいていこの世界で長く生き残ることはできない。長期的に生き残ってきた人たちは、リスクに精通しているため、株価の割にリスクが低い状況も見極めることができる。JPモルガン・チェースやそのほかの巨大銀行は不確実なこともたくさんあったが、リスクは非常に低かったのである。

私の想像力をかき立て、思考習慣を洗練してくれたのは、ブリッジだけではなかった。私はチェス（分析とパターン認識の素晴らしいゲーム）の楽しさも再発見したのだ。私が初めてチェスに夢中になったのはハーバード在学中で、これはクラスメートのマーク・ピンカスのおかげだった。彼はのちにソーシャルゲーム会社ジンガを設立し、億万長者になった。学生時代、ピンカスは私の寮に放置されていたチェスのセットを見つけ、私を誘った。そして、私を打ちのめした。私はチェスの本を大量に買い込み、対戦を続けた。そのかいあってだんだん強くなり、ときどきは勝てるようになっていった。

卒業すると、私はマンハッタン・チェス・クラブに入り、あとはD・H・ブレアでの仕事のストレスから逃れたくて、公園にいる人たちとプレーしていた。しかし、気まぐれでやっていても強くはなれるわけがない。

当時は、チェスを楽しんではいたが、それが役に立つとはまったく思っていなかった。しかし、年を重ねて、このようなゲームの動きを理解すると、現実の世界でも戦略的な利点があることがはっきりと分かってきた。例えば、チェスでは序盤のほんの何手かの手筋や悪手で、無防備なプレーヤーの負けが決まる。最初、このようなワナにはまると、私は相手に対して怒っていた。陰険な勝ち方のような気がしたからだ。しばらくたつと、今度は「勝負がついている ゲーム」に気づかなかった自分にイラだった。しかし、チェスを学んでいくうちに、このような初歩的な間違いは減っていった。

そして、チェスにも投資の助けになる類似点があった。例えば、会計は先手で勝負がついている。企業は会計規則を操作して自社の数字を欺こうとすることがよくある。そして、疑うことを知らない投資家は簡単にだまされて、実際の状況よりも危険性が低いと思ってしまうのである。

一九九〇年代後半に、私は法律保険会社を分析したことがある。法律保険も、生命保険と同様に、ブローカーに多額の手数料を支払って販売を委託している。この会社がどれくらい儲かっているのかを分析するカギとなったのは、顧客の獲得費用の正しい償却費率を算出することだった。結局、この数字は、顧客がどれくらい長く契約を続けるかで決まる。私が見たところ、この企業の会計内容は過度に楽観的で、誤った将来像に導くものだった。そして、これはチェスの「勝負がついているゲーム」の会計版だと思った。私は、この会社にはかかわらないことにした。この株はそのあと下落し、訴訟になってみんなを悩ませた。もちろん、疑わしい会計に賭けて空売りした人たちは別だ。

チェスが有益だと思う点はほかにもある。始めたばかりのころは、いわゆるザル（注意深く分析しないで、感情ですぐ判断してしまう人たちを嘲る言葉）と対戦することが多かった。彼らは、盤上の状況を熟考できない、あるいは熟考しないで打ってくる。そして、最初のうちは彼らに負けることが多かった。彼らが繰り出す予想外の手に狼狽し、冷静さを失っていたからだ。しかし、上達していくと、自制心も強くなり、相手が自由奔放な手を打ってきても不屈の精神で冷静さと注意力を保つことができるようになった。

金融市場では、たくさんの投資家（アマチュアもプロも）が無謀にもホームランを狙って、流行のＩＴ株から過剰に宣伝されたＩＰＯ（新規株式公開）まであらゆる賭けをしている。ときには、高リスクの大きな賭けが素晴らしい利益をもたらすこともあるが、それを見たほかの投資家もそれに倣って愚かな行動をとる。しかし、チェスと同じで、結局は規律を守って慎重に戦略を推進したほうが長期的にはうまくいくと思う。二〇〇九年に、多くの投資家が株を売却したが、それもやはり典型的な悪手だった。当時の私の敵は、愚かなチェスプレーヤーではなく、興奮したミスター・マーケットだった。私には、ここで冷静さを保ち、マーケットの興奮状態を利用して、ザル投資家が売っている株を買うべき時期だということが分かっていた。

チェスのチャンピオンの印象深い箴言にも感銘を受けた。エドワード・ラスカーの、「良い手を見たら、さらに良い手を探せ」という言葉だ。私は、この洞察を株に応用するために、少し変えて「良い投資先を見たら、さらに良い投資先を探せ」といつも自分に言い聞かせている。実際、マンガーが指摘するとおり、私たちはチェスの手でも投資でも、最初に頭に浮かんだアイデアが最善だと思ってしまう傾向がある。しかし、それは本当に優れているのだろうか。チェスでは、最初のアイデアが頭から離れなくても、さらに良い手を探し続けなければならない。つまり、チェスは脳の筋肉を強化してくれるのである。

そして、さらにもうひとつ、ブリッジとチェスの世界でアマチュアとしてプレーしながら学んだ基本的な教訓がある。もちろん、役立つ作戦や自分の思考の癖を知り、感情を制御することの重要性を再認識したことは良かった。しかし、それ以外にこれらのゲームは長年、人生を深刻にとらえすぎていた私に、もっと楽しむ姿勢を取り入れるべきだという単純な真実を教えてくれた。そこで、仕事を含めたすべてをそれまでとは違う精神、つまり生死をかけた戦いではなく、ゲームのようなつもりでとらえることにした。

マーク・ピンカスが、ずっとそういう姿勢でいたことは間違いない。あらゆるゲームを愛する彼は、生来、人生をゲームのようにとらえており、この楽しもうという姿勢が成功をつかんだ最大の理由だと思う。ハーバードを卒業すると、クラスメートのほとんどはお決まりの投資銀行やコンサルティング会社に就職した。みんな近視眼的に、卒業して最初の仕事は生きるか死ぬかの決断のような気がしていた。しかし、実際には最初の仕事とその後の仕事にはあまり関連がないことも多い。

クラスメートの多くが、卒業前に高給の仕事を決めていたが、ピンカスは卒業後に何をするかがはっきりしていなかった。そこで、彼は興味を持った会社ではなく、人生をかけたゲームをプレーし続けることができる会社を探した。そして、デンバー郊外にあるＴＣＩに就職し、ジョン・マローンの下で通信業界について学び、それがのちに大いに役立った。彼は、魅力的なチャンスが訪れたときにＴＣＩを辞め、最初の会社を設立した。まだ創業間もないころにサンフランシスコに彼を訪ねたとき、彼はこう言った。「どれだけ儲かるかじゃないんだ。世界を変えるんだよ」

スティーブ・ジョブズも、冒険心と楽しさを重視して人生に取り組んでいた。彼がスタンフォード大学の卒業式のスピーチで語った風変わりな言い方を借りれば、「愚直であれ」（自分の信じる道を行け）ということだろう。同様に、バフェットも投資の仕事をゲームととらえ、日々の幸せを犠牲にするようなことはあまりしない。

　金融危機を乗り切ったあと、私はこの深刻になりすぎず、楽しみながら取り組む方法のメリットをより意識するようになった。バフェットを見習って、したくないことを自分に強いるのもやめた。それ以来、今日まで懸命に働いてきたが、自分のスケジュールで仕事をしている。もし日中に眠くなれば昼寝もする。二〇〇九年、私のファンドは素晴らしい成果を収めたが、それに大きく貢献したのが暴落のときに買った株だった。社内には、私自身が前面に立ってファンドを売り込み、さらに多くの投資家を取り込むべきだという声もあった。しかし私は「それはしたくない。幸せに暮らしたいんだ。最大のファンドを目指しているわけではないんだよ」と答えた。

　この姿勢が、穏やかで楽しい人生をもたらしてくれたことは間違いない。しかし、それでより良い投資家になれたのかどうかは分からない。例えて言えば、静かな池に石を投げると、波紋が広がる。投資でも同じで、大きなアイデアを見つけるには、静かで満ち足りた心が必要だ。このことは、パブライがよく引用するブレーズ・パスカルの「人間のすべての不幸は、ひとりで静かに座っていられないことに由来する」という言葉にも通じる。チューリッヒで暮らすことで得たさまざまな恩恵のなかでも、静かな満足感を得られるようになったことは、何よりも大事なことだと思っている。この状態にいると、正しい投資のアイデアが突然わいてくる。これらのアイデアが、例えば自転車に乗っているときなど、マーケットと関係のない楽しみの最中にひらめくことが多いことに私は驚いている。

そのうえで言えば、プロの投資家の友人のなかには、私がインド旅行などに行こうとすると困惑した顔をする人もいる。そのなかのひとりは、「ガイ、そんなことをしてもリターンは向上しないよ」とたしなめた。私は彼に、自分はもう何が何でも最高の投資家になろうとは思っていないのだと説明した。今の私は、たとえ可能であったとしても、ウォーレン・バフェットを目指しているわけではない。それよりも、自分自身を極めたいのである。

最近開催した私のファンドの投資家総会で、出席者から私の株の売り方はどうなのかと質問があった。私は、「ひどいです」と答えた。これは半分は冗談だったが、半分は本気だった。売るのが特にうまい人などいないと思うからだ。明確なルールを設定することはできる。例えば、本質的価値の八〇％まで下げたら売るなどと決めてもよいが、これはかなり不正確な方法でもある。私のポートフォリオにも、合理的な基準のみで見れば売るべき株がある。しかし、私はその多くを保有し続けている。理由のひとつは、私が自分のポートフォリオのみならず、自分自身も管理しようとしているからだ。自分の批判的な性格に対処できるようになるほうが、数十年単位で見た投資リターンは向上すると私は考えている。

さらに言えば、売るのが得意でないと公言したのは、自分の才能で圧倒したり、私のファンドに投資するよう説得したりしようとは思っていないからだ。私はファンドを売り込むことよりも、自分自身について正直に説明することに力を入れている。そのうえで、もし私や私の家族と一緒に投資したい人がいればうれしい。もし投資してもらわなくても、昔感じたような拒否された痛みはもう感じなくなった。結局、これは生死を分ける問題ではない。決死の戦いではないのだ。

ただ正直に言えば、私の心の奥底に、お金は生き残りをかけた問題だという思いを捨て去ることができない部分もある。私の脳の配線がそうなっているのだ。株式市場はゲームだと考えることの大きなメリットは頭では分かっているし、この遊び心のある取り組み方によって投資家として向上できたことは間違いない。しかし、私のファンドには投資家たちの老後の蓄えがかかっていることも分かっている。つまり、投資はゲームかもしれないが、私にとっては命がけの真剣なゲームなのである。

もし蟻たちがいくつかの単純なルールだけで限りなく複雑な生き残り戦略を構築できるならば、投資家はどうだろうか。私たちも同じくらい強固なルールによって、より賢い投資判断を下したり、非合理的な脳のゆがみに負けないようになったりすることはできないのだろうか。

考えてもみてほしい。人間の脳は約一二ワットあれば動くと言われている。つまり六〇ワットの電球の約五分の一しか必要ないということだ。今日の、大量の電力を必要とするコンピュータと比べればほんのわずかな量でしかない。それなのに、私たちはこのちっぽけな装置に、投資の世界の恐ろしく複雑な計算をさせ、大胆にもそれが正しい答えを出すことまで期待しているのである。

前述のとおり、戦いの場を自分に有利に傾けるためには、自分がより合理的に（あるいは非合理性を抑えて）運用できるような環境を作り上げるという方法がある。しかし、方法はそれだけではない。もしより良い投資判断を下すための、常に使える一連のルールや手順を決めておけば、それも計り知れないほど役に立ってくれるのである。

金融危機の余波のなかで、私は投資のより体系的な手順を懸命に構築した。その一環として、自分の行動を整理し、予測可能にすると同時に、複雑な判断過程を見直した。すべてを単純化することは、脳の限りある処理能力を考えれば理にかなっていた。私が決めたルールは、投資過程の重要な要素が幅広く網羅されている。このなかには、株について調べるときは何を（どんな順番で）読むか、見込みのある投資についてだれに相談するか（だれとは話さないか）、会社をどう経営するか、どのように株を売買するか、どのように投資家に対応するか（何をしないか）などといったことが含まれている。

これらのルールのなかには、幅広く使えるものもあれば、変わっていて私にしか使えないものもある。そのうえまだ作成の途中で、経験上最もうまくいくことが分かるたびに修正を加えている状態だ。それでも、投資過程をこのように体系的に秩序立てて考えることは、読者にも大いに役立つと確信している。パイロットは、すべての行動の指針となり、彼ら自身と乗客の安全を確保するための系統立てた一連のルールと手順を修得する。投資家も、不要なリスクをとらずに本気で高リターンを目指すならば、同じことをすべきである。投資も、飛行機の操縦と同様に、人為的なミスが嫌な結果をもたらしかねないからだ。

私の投資生活においてよくあることだが、私がこのような理解に至ったきっかけもパブライとの会話だった。二〇〇九年に彼とインド旅行をしたとき、私は彼にありとあらゆる質問をした。そのなかに、株式のトレード方法もあった。彼がこれらのことを論理的に考え抜いて、すべての行動の基となるルールを構築していることが明らかになった。例えば、彼はマーケットの立会時間中は売りでも買いでも株の注文は絶対に出さないと決めていた。

この旅行から戻り、私は自分自身に「ガイ、君のやり方はすべて間違っている」と言い聞かせた。パブライの思考回路は、さまざまな点において私のとは違う。例えば、明らかなリスク（または不確実性）があれば、私はまず自分の感情に対処しなければならないが、彼はそれを即座に受け入れる用意がある。それでも、私は彼に倣って自分の手順に厳しい分析を取り入れようと決めていた。そのためにまとめた八つのルールと手順と習慣を、次に紹介する。これは包括的なリストにはほど遠い。しかし、私がこれまで学んできたことの雰囲気だけでも感じ取ってもらえればうれしい。

一．株価を頻繁に見ない

チューリッヒの生活も落ち着き、私は意識的にブルームバーグの利用を継続することにした。ただし、毎朝、事務所に着いてすぐスイッチを入れるのはやめた。前にも書いたように、今ではブルームバーグを何週間も使わないこともある。しかし、このことは、マーケットの日々の雑音と距離を置くためにしていることのひとつにすぎない。

多くの投資家は、株価を毎日どころか、毎分チェックしている。しかし、それをしていると私たちの脳は奇妙な誤作動を起こし、株は自分が見ていることを知っている、などと思ってしまうことがある。それどころか、常に注目していないと、何か悪いことが起こるのではないかなどと不安になることすらある。もしかしたら、画面を見ていないときに大きなニュースが入り、株価が急落するのではないか、などと思ってしまうのだ。つまり、株価画面を見ることは投資家に、何も問題はない、地球はまだ軌道を逸れていない、という誤った安心を与えてしまうこともある。

問題は、常に変動している株価が私たちを行動に駆り立ててしまうことにある。ブルームバーグの画面の明るいティッカーシンボルが点滅していると、それが非合理的な脳に、何かしなければならないと働きかけるからだ。もちろん、流行のバイオテクノロジー株やインターネット株をトレードしていれば、少しの変動にも反応すべきなのかもしれない。セルサイドが恐ろしく強気なレポートを発表したために、新たな投機筋が乱入して突然二〇％も急騰することがあるからだ。しかし、私はもっと計画的に投資するつもりだし、何年も（あるいは永遠に）保有するつもりの会社の株を買っている。バフェットが言うように、会社に投資するときは、もし翌日にマーケットが閉鎖されて、それから五年間取引できなくても構わないという気持ちで買うべきなのである。

ただ、株価画面を五年間消しておくことはできない。毎月ファンドの純資産価値を確認して、投資家にパートナーシップの持ち分の価値を知らせなければならないからだ。ただ、もし私が自己資金のみを運用するのならば、保有している株の価格は四半期に一回か、もしかしたら一年に一回程度見られるようなシステムにすると思う。今のところ、私が一週間に一回以上株価をチェックすることはない。株価を監視していなくても、自分のポートフォリオが順調だというのは良いものだ。また、ブルームバーグでもパソコンで、保有しているすべての株の価格が一画面で見られる設定にはあえてしていない。そのため、価格が知りたいときは一銘柄ずつ調べる必要があるが、偶然ほかの銘柄の価格が見えてしまうことはない。不必要にほかの株価を目にすることで、行動を強いられる状況に自分を置きたくはないからだ。

余計な雑音が私の貧弱な脳に与える影響をもう少し考えてみる価値はある。あまり頻繁に株価をチェックしていると、行動を誘う声に抵抗するだけで脳のエネルギーを浪費し、限られた意志の力を使い果たしてしまう。精神力が乏しい資源だということを考えれば、もっと建設的なことに使うほうがよい。

また、ダニエル・カーネマンとエイモス・トベルスキーが行った行動経済学の調査によれば、投資家は利益を得た喜びと比べて、同等の損失には二倍の痛みを感じることが分かっている。それならば、自分が保有する銘柄（あるいはマーケット全体）が下げたのを見たときに起こる感情の嵐から脳を守らなければならない。平均的なボラティリティの下では、マーケットはこの二〇年間、ほとんどの年で上昇していた。しかし、頻繁にチェックすれば、たまたま見たときに下げている確率ははるかに高くなる（このことについては、ナシーム・タレブが、傑作『まぐれ』［ダイヤモンド社］のなかで詳しく説明している）。それならば、短期的な下落によって脳にあらゆる間違ったシグナルが送られ、マイナス感情を引き起こすかもしれない状況に自分を置く必要はないのだ。

いずれにしても、私の投資先のような会社について、日々の変動を知る必要はない。ほぼすべてが、長期的に見れば悪いリターンにはならないからだ。これらの会社はみんな良い方向に向かっており、分からないのはそれがどれくらいかかるかということだけなのである。バフェットの保有銘柄も、明らかにこの貴重な特性を備えている。実際、彼は最終的に期待している良い結果を「不可避」という言葉で表現している。例えば、バーリントン・ノーザン・サンタフェ（バーリントン・ノーザン鉄道の親会社）を見てみよう。アメリカ経済が成長し、国が整備され、鉄道業界が集約されていくと、輸送網の価値が上がることは疑問の余地がない。そのうえ、ライバル会社がすぐ隣に路線を開通することはないため、バーリントンがその座を追われることはないのだ。

このように、本当にほかに代わるものがない会社に投資すれば、株価画面のスイッチを切っておいても、ソファーで昼寝をしたり本を読んだりしていても問題はない。結局、バフェットはアメリカン・エキスプレスやコカ・コーラの無意味な株価変動に集中することで何十億ドルもの利益を上げたわけではないのだ。

ルール　株価はできるだけ見ないようにする。

二、人に勧められたものは買わない

投資を始めたばかりでニューヨークの渦のなかにいたころ、私のファンドはまずまずのリターンを上げていたが、だれも自分に注目してくれないことに私は傷ついていた。しかし、しばらくするとさまざまなデータベースに載ったらしく、電話がひっきりなしにかかってくるようになった。みんな何かを売り込もうとしていた。ブローカーは株を勧めてきたし、さまざまな人から高額なリサーチシステムや、投資ニュースレターの購読、新しい電話サービスなど、売り込みの電話が無数に掛かってきたのだ。最初のころは、これは成功の証しで、有名になったからだと思っていた。しかし、すぐに売り込まれて買ったものがどれも失敗だったことに気づいた。

問題は、才能あるセールスマンによって、よく練られた細かい内容の売り込みをかけられると、私の脳（そして恐らくあなたの脳も）は合理的な判断を下せなくなることにある。そこで私は、極めて役に立つ単純なルールを導入した。売り込みの電話が掛かってきたら、できるだけ丁寧に「申し訳ありませんが、売り込まれたものは買ってはならないというルールを決めているのでご希望には添えません」と言うのである。

相手は驚いて、こんなことを言ってくる。「それならばどうやって正しい電話サービスを選ぶんですか」。証券会社のアナリストならば、「でも、これが素晴らしい株だと思わないんですか」などと意見するかもしれない。

時には彼らが言うとおりのこともある。もしかしたら、理論的には電話サービスを変えるべきなのかもしれないし、素晴らしい投資アイデアを採用すべきなのかもしれない。しかし、それはしないことにしている。それによって短期的にはチャンスを逃すことになるかもしれないが、人生で考えれば、自分の利益のために私に買わせようとする人たちから離れておくほうが得ることは大きいに違いないと思っているからだ。これは「逆淘汰」の簡単な応用例と言ってよい。チャーリー・マンガーが言った「知りたいのは自分がどこで死ぬのかということだけだ。それが分かれば、そこへはけっして行かないから」というジョークにも通じるところがある。私も、売り込みにあった投資は、必ず避けることにしている。

このルールは、カクテルパーティーなどでだれかが自分の保有する素晴らしい株や、未公開株を勧めてきたときにも適用される。もちろん話は聞くし、感心するときもあるし、買いたいと思うことすらあるかもしれない。しかし、私が買うことによって相手が利益を得ることになるのならば、私は買わない。利益と言っても、販売手数料のこともあれば、それ以外の金銭的なメリットのこともあるし、単純に私を説得できたことで得られる心理的確認かもしれない。

いずれにしても、売り手の個人的な思惑から発したアイデアは、出所が間違っているため、私にとっては立ち入り禁止区域なのである。

これについても、バフェットは私よりもずっと前から知っていた。例えば、彼には有価証券の入札にはけっして参加しないというルールがある。私もこれに倣って、これまで一回もＩＰＯ（新規株式公開）には投資したことがないし、これからもしないだろう。株を公開する会社の背後には、ウォール街の想像を絶する販売攻勢がある。もちろん、ＩＰＯのなかにはうまく風に乗って高騰する会社もある。しかし、出所が有害なので、たまの勝ち組を逃すことになったとしても、買い物リストにはＩＰＯを載せないほうが安全なのである。

ルール　もし私が買うことが売り手自身の利益になるのならば買わない。

三．経営陣とは話をしない

同じような理由で、私は調べている会社の経営陣とは話をしたくない。賢い投資家のなかには、これに賛同しない人もたくさんいる。彼らにとっては、経営幹部と定期的に話をすることが有意義なのかもしれない。また、高級幹部とつながりを持っていることがデメリットにもなり得ることを知らない既存の株主や潜在顧客への宣伝ツールになるのかもしれない。

異端的な考えに聞こえるかもしれないが、私の経験では、経営陣と親しくすることは投資リターンの弊害になることが多い。問題は、経営幹部、特にＣＥＯ（最高経営責任者）には高い営業力を持った人が多いからだ。業績がどうであれ、彼らには会社の将来について聞き手を楽観的な気分にさせる才能がある。会社という食物連鎖のトップに駆け上がるためには、聴衆（取締役会のメンバーや株主を含めて）の心をつかむ能力が最も重要な才能かもしれないからだ。しかし、このおしゃべりの天才が信頼できる情報源になるとは限らない。

もちろん、ＣＥＯやＣＦＯ（最高財務責任者）やそのほかの経営幹部に悪意があるとかモラルがないとか言っているわけではない。私はそこまで無礼な人間ではないつもりだ。ただ、彼らの仕事と、目的と、スキルを持って情報を説明すると、良い面を強調し、ビジネス上の問題は一時的、あるいは解決可能などといった表現で割り引かれてしまう。もしかしたら、彼らにはまったく悪気はなく、無意識のうちに情報をゆがめているのかもしれない。しかし、それはどうでもよいことだ。自分の合理性の限界が分かっている以上、私はゆがんだ影響を受けるかもしれない場所に身を置きたくない。特に、会社の第一印象の形成に経営陣の手が加わるのは、投資家にとって危険なことだと思う。

マネーマネジャーのなかには、一通り調べたあと、「安心して投資するために経営陣と会う必要がある」という考えの人がいることは知っている。しかし、経営陣に魅惑されてしまう可能性だってある。もし株を買う理由をＣＥＯに聞かなければ分からないのであれば、それは深刻な警告サインとも言える。それ以外の調査で、十分分かるはずだからだ。そして、もし経営陣の質を知りたければ、個人的なつながりからではなく、年次報告書やそれ以外の公共のデータやニュースなどを使って、客観的に調べたい。このように、間接的に彼らを観察するほうが、ゆがんだ現場に行くという危険を冒して直接会うよりも良いと私は思っている。

あとから考えれば、経営陣と話すのをやめようと思ったのもパブライの影響だった。このことについて、初めて彼と話をしたのは二〇〇八年ごろだったが、これはバリュー投資家のなかでも常識とはかけ離れた概念だった。今となっては、この単純な方法がたくさんの雑音を排除してくれることを理解するのに、なぜこれほど時間がかかったのか不思議に思う。

ルール　カリスマでも、説得力があっても、感じが良くても、CEOやそのほかの経営幹部には注意する。

例外　バークシャーのCEOであるウォーレン・バフェットをはじめとする一部のCEOは、自分が株主だったら知りたい情報を伝えることに真剣に取り組んでいる（フェアフォックス・ファイナンシャル、ルーカディア・ナショナル・コーポレーション、マーケル保険など少数だが少しずつ増えている）。

四．投資の調査は正しい順番で行う

前述のとおり、マンガーは判断を誤る理由のひとつとして、最初に脳に入ってきた情報がそこにとどまる傾向があることを挙げている。彼の説明によれば、「人間の脳は卵細胞とよく似ており、卵細胞には遮断装置が付いている。精子が一つ入ったら卵子は遮断し、次の精子は入れなくなる。人間の脳も似たような動きをする」。もしそれが本当ならば、投資アイデアを調べ、探究するときの順番は極めて慎重に決める必要がある。私はまずその会社の強さ（弱さではなく）を評価したい。もしそのアイデアが売り込まれたものならば、それはすぐに弱さに分類する。すでに書いたように、私は人から売り込まれたアイデアは排除することにしている。また、証券会社の勧める株は、どれほど良い理由があったとしても、それを知らないうちに最初に私の脳に入ったアイデアにはしたくない。

しかし、もし尊敬する友人や同業者が調べてみるよう勧めてくれた株ならばどうだろうか。実は、口頭で聞いただけだとしても、問題はある。どんな投資家でも、賢い人から素晴らしい株である理由を説明されてしまえば、客観的かつ合理的に評価するのは難しくなるからだ。そこで、私は彼らの話を早々に遮り、「それは興味深いね。それならば、まずは調べさせてくれよ。そのほうが情報に基づいた話ができるからね」などと言うことにしている。

もし仕事上の付き合いがある相手ならば、「興味深いアイデアですね。ぜひ書面で教えてもらえませんか」などと言う。しかし、もし「でも、まずはぜひ話を聞いてくださいよ」などと言ってきたら、私はそれはできないと答える。社会的に見れば、まずは書面で見たいというのは気まずいかもしれない。しかし、調査の過程では、熱意と感情をできるだけ排除することが重要なのである。私の経験から言えば、私は耳で聞いたことよりも、読んだことのほうがうまく選別できる。

そして、そのアイデアに十分見込みがあり、さらに調べを進めたいものであれば、そのあともまた注意深く正しい順番で調べていく必要がある。これには賛同しない投資家もたくさんいるだろうが、最初に入って来た知識が過度の影響を及ぼすことを考えれば、資料を読む順番はとても重要だと思っている。

私はいつもの手順に従って、バイアスが最も小さくて、客観性が最も高い資料から始める。これはたいていその会社の公的な届け出書類になる（年次報告書、四半期報告書、委任状など）。これらの書類は完璧ではなくても、慎重に作成されたものではある。特に、アメリカの場合は、弁護士の点検も受けている。会社は訴訟を避けるためにも、信頼できる財務諸表を作成しようとする。会計監査証明もカギとなる。たまに、会計士が強い圧力をかけられて、不正を見逃して署名してしまうこともあるが、その一方で実態を表していないことを示すわずかなシグナルを出していることもあるからだ。財務諸表を読み込むのは、科学ではなく技術である。露骨ではなくても、経営陣が投資家の役に立つ情報を少なめに出していると感じるときがあるのだ。

ポーカーと同じで、注釈などに現れる無意識な「癖」が、何か不適切なことがあることを疑わせることもある。

年次報告書は、経営陣の挨拶文も重要だ。広報目的で、実態よりも良く見せているのか、それとも真剣に現状を伝えようとしているのかを見極めてほしい。私は、物事を可能なかぎり良く見せようとする宣伝がかった会社は避けたいと思っている。反対に、バークシャーがB株を発行したときの募集案内には、バフェットもマンガーもこの価格ならば買わないと率直に記してあった。

届け出書類を調べたあとは、その会社のもう少し主観的な書類を見ていくことが多い。決算発表や報道発表、カンファレンスコールの記録などである。また、その会社や創業者に関する本に有益な情報が見つかることもある。これらの本は、かなりの時間をかけて書かれているため、自慢話ばかりでないものならば、かなり役に立つ。なかには、非常に深みのある内容のものもあり、届け出書類よりも先に読む場合もある。もし初めてバークシャーに投資を検討しているのであれば、ロジャー・ローウェンスタインやアリス・シュローダーによるバフェットの伝記を読むことを勧める。同様に、ウォルマートについて調べるならば、まずはサム・ウォルトンの『私のウォルマート商法』(講談社)を読むとよい。

このように、情報の順番を工夫するのは陳腐なアイデアに見えるかもしれない。しかし、やり方を少し変えるだけで大きな効果が上がることもある。私は、情報の取り入れ方を常に改善していくことで、長期的な成功の可能性を高める環境を整えられると思っている。ただ、思考回路はみんな違うため、私にとっての健全でバランスがとれた情報の取り入れ方とあなたのそれは違うかもしれない。かつてウォール・ストリート・ジャーナル紙で、バフェットは会社の自分の部屋に置いた小さなテレビでCNBCをつけても音は消している、と読んだことがある。私も、仕事場にテレビがあれば、悪い意味で脳が刺激されると思う。

ちなみに、私はインターネットへの露出を、最低限に抑えるようにしている（うまくいかないこともある）。さまざまな方面からの誘いを呼びかねないからだ。また、ウェブ上の画面は、それ以外のさまざまな情報にもリンクしているため、読むのにかなりの気力を要する。しかし、脳を酷使したくはない。そこで、私はできるだけ物理的な媒体でウォール・ストリート・ジャーナル紙や、フィナンシャル・タイムズ紙、エコノミスト誌、バロンズ紙、フォーチュン誌、ブルームバーグ・ビジネスウィーク誌、フォーブス誌や、専門紙のアメリカン・バンカー誌やインターナショナル・レールウエー・ジャーナル紙などを読んでいる。

ただ、マスコミ報道については、届け出書類を読み込むまで見ないことにしている。役立つ事実や洞察を提供してくれる優れたジャーナリストはたくさんいる。しかし、私にとっては具体的な理由なしに脳に行動を働きかけてしまうニュースの優先順位を高くしないことが重要なのである。届け出書類は、私の肉や野菜だと思っている。食べる楽しみは劣るが、栄養はある。

セルサイドが発行する株式リサーチについては、あまり読まないし、それに基づいて判断を下すことはけっしてない。ただ、それ以外のすべてを調べたあとに、その会社や業界に対するウォール街の評価を知りたくて見ることはある。もちろん、それをするのはリサーチの最後で、すでに自分の印象が固まったあとにするよう気をつけている。証券会社にも賢い人材がいることは認めるし、ときには業界の動向などについて、素晴らしい洞察を与えてくれることもある。そのため、彼らを完全にはねつけるのは正しくないし、得策でもない。ただし、彼らの給与は仲介手数料から出ている。この情報を読むということは、ウォール街という巨大な販売マシンに自分をさらすことでもある。それに、私がさまざまな習慣を作ったのは、マーケットと同期しないようにするためだ。彼らと足並みをそろえてしまえば、平均的なリターンしか上がらなくなる。

ルール　情報を取り込む順番に気をつける。肉と野菜が終わるまで、デザートは食べてはならない。

五．自分の投資アイデアの相談は下心がない人だけにする

ＣＥＯや、証券会社のアナリストや、あらゆる売り込みを拒否するなどというと、私はひどく偉ぶった社会不適合者であるかのように聞こえる。もちろん、彼らの多くがきっと信頼でき

る魅力的な人物で、住宅ローンを返済しながら天使のような子供たちを育てているような人たちなのだろう。しかし、私にとって、彼らが売り込もうとする行為そのものが致命的な欠陥なのである。それでは、投資の可能性についてぜひ相談したい人はいるのだろうか。良い質問だ。聞いてくれてありがとう。

もしほかの人の見方を知りたいときは（そういうことはよくある）、買い側にいる信頼できる同業者に相談するのがよいと思う。これまで、ニック・スリープや、クリス・ホーン、ビル・アックマン、スティーブ・ウォールマン、アレン・ベネーロ、ケン・シュービン・スタイン、ダンテ・アルバティーニ、ジョナサン・ブラント、グレッグ・アレキサンダーなどと非常に有益な話し合いをしてきた。彼らはみんな私に何かを教えようとしたわけではないが、それでいてたくさんのことを教えてくれた。私の経験から言えば、投資について話すべき相手は、ただ頭が良いだけでなく、会話にエゴを挟まない人だと思う。そうすれば、陽気で楽しい議論ができるし、私の静かな池に波風が立つこともない。なかでも、投資の可能性について相談することが増えているのがパブライだ。それは彼がとてつもない分析の才能を持っているからだけではなく、まったく下心がないからなのである。

投資の議論は、ＹＰＯ（青年社長会）などをまねた三つの基本原則を守ると非常にうまくいく。一つ目は、会話の内容は秘密厳守とする。二つ目は、だれも何をするべきかを相手に指図しない。それをすると、言われたほうは判定されたような気分になり、防御的になるからだ。

できれば、相手が買おうとしているのか売ろうとしているのかすら知らないほうがよい。知識は混乱を招く。三つ目は、仕事の関係がある相手には相談しない。この会話に小さな（あるいはあまり小さくない）金銭的な要素が加わることで、議論がゆがんでしまう可能性があるからだ。もちろん、最も重要なことは、お互いに信頼している相手と話すことである。そして、相手が明確な許可を出すまで、話を始めるべきではない。もし私が何かの銘柄を買いたいと思っていたり、だれかとその株について話したいと思っていたりする場合、まず相手にその話をしてよいかを尋ねる。もしだめならば相談はしない。

この話し合いの目的は、「正解」にたどり着くことでも、知的なディベートをすることでもない。それぞれの経験や情報を共有することなのである。そのためには、開放型の質問をするとよい。例えば、翌年の収益予定を質問するよりも、「来年の利益を増やすためには、どのようなことが起こればよいか」といったような質問のほうが得るものが大きいということだ。

特に思い出に残っているのは、友人でマネーマネジャーのシャイ・ダーダシティとの会話で、彼の許可を得てここに紹介する。当時、彼はスニーカーメーカーのケースイスを調べていた。私はナイキについて調べたことがあり、テニスやサッカーのスポンサー契約の効果も分かっていた。私は彼にケースイスはスニーカー業界の負け組だと思うとは言わずに、テニスのプロ選手トップ二〇人のスポンサー企業を調べ、勝者ひとり勝ちのこのマーケットで、どの選手が視聴者の関心を引いたかを推定してみるよう勧めた。その過程で、彼は二〇人中ケースイスがスポンサー契約を結んでいたのがわずかひとりだったことと、ナイキは六～七人と契約していたことを知った。これは、ケースイスがナイキのシェアを奪うのは無謀だということを示していた。このとき、彼がこの株を所有していたのか、買うことを考えていただけなのかという話は出なかった。しかし、このときの会話によって、ダーダシティはこれが最高の投資先ではないことを確信できたのではないかと思っている。

ルール　ほかの投資家と話をして知識を蓄える。ただし、エゴを抑えられる相手を選ぶ。もしその相手がバフェットやマンガーやパブライならば、さらに良い。

六．マーケットの取引時間中に株を売買しない

ウォール街は、人間の脳の弱みにつけ込むようにできている。例えば、不誠実なブローカーは、会社ぐるみで練り上げた脚本に基づいてカモ（つまり、顧客）に特定の株を買わせる。彼らの本当の目的は、売買手数料を稼ぐことにある。つまり、長期のバリュー投資をしている私の関心と、ウォール街の関心とは対極にあるのだ。私がしようとしていることは、素晴らしいが過小評価されている会社のいくつかに投資し、そのまま保有し続けることである。ウォール街は売買がなければ利益は上がらない。一方、私や私のファンドへの投資家は、売買しないこ

とで利益を上げているのである。

私がこのような投資をするためには、ペースを抑え、あわてて行動しないための一連のブレーカーが必要だ。そのための手順や方法のいくつかは、当たり前すぎて取り上げる必要もないと思うかもしれない。しかし、私はそれらも非常にメリットがあると思っているし、簡単に導入できる。

株を売買するときは、マーケットの価格変動と切り離して考える必要がある。マーケットは私の感情をかき立て、行動したい気持ちを刺激し、判断を鈍らせる可能性があるからだ。そこで、パブライに触発されて作ったルールがある。マーケットの取引時間は株を売買しないのだ。むしろ、取引時間が終わるまで待つ。そして、契約している二つのブローカーのひとつにeメールを送って（なるべく直接話はしないようにしている）、翌取引日に平均価格で売買してほしいと伝える。私はマーケットで優位に立とうとしているわけではないし、マーケットの変動にのみ込まれて気分が揺れ動く状態は望んでいない。ベンジャミン・グレアムの言うとおり、マーケットは主人ではなく、しもべにしなければならないのである。

ただ、やむを得ない理由があるときは、取引時間中に売買することもある。すべてのルールに言えることだが、大事なのはルールに束縛されるのではなく、行動を概ね健全な方向に導くことだ。このルールの場合、大事なのは自分をマーケットから切り離しておくことなのである。

反対に、ファンドマネジャーになったばかりのころは、社内でトレードしていた。しかし、これでは会社のなかにマーケットを持ち込むことになり、ブルームバーグの端末を置くよりもはるかに悪かった。また、当時は直接トレーダーと話をしていたので、「フロアーに行ってマーケットの様子を見てきましょうか」などと聞かれることもよくあった。何も知らなかった私は、頭を混乱させるマーケットの変動にわざわざ自分をさらしていた。このような情報に意味があるとか、状況の把握に役立つという幻想を抱いたりしていたのである。

しかし今では、私たちの脳は切れ目なく流れてくる膨大な価格情報を処理するようにはできていないと思っている。しかし、そのことを学び、「すべての雑音を無視する」と言い切ることができるようになるまでには何年もかかった。マーケットを断ち切るのは最初は怖かった。しかし、私の経験から言えば、それをすると素晴らしく開放的な気分になれる。

ルール　マーケットとは安全な距離を保つ。マーケットに会社や脳を侵食されてはならない。

七．株を買ったあとに下落したら、二年間は売らない

株価が高騰したら、売るのが楽しいこともある。しかし、昔からの友人と別れるようなほろ苦い感覚もある。一方、株価が下落すれば、売るのは辛くなる。結局、大金を失った投資につ

いては、自責の念や自己嫌悪や恐れなどのマイナス感情が明確な思考をショートさせてしまうため、合理的な判断を下すのが難しくなる。パブライは、このようなときに湧き起こる心理的な力に対処するためのルールを考えた。もし彼が株を買って、それが下げても、二年間は売ってはならないというルールだ。

彼がこのルールを教えてくれたのはバフェットとの昼食会と同じころで、非常に理にかなっていると思ったため、すぐに私も導入した。このルールも、ブレーカーのようにペースを抑え、合理的な判断を下す確率を上げる役割を果たしている。そして、さらに大事なことは、失敗すれば二年間耐えなければならないため、より注意して株を買うようになることだ。それによって、これまでたくさんの悪い投資を避けることができた。実際、私は株を買う前に、五〇%下げたことを想像して、それでも我慢できるかと自問している。そして、そうなったときに気持ち的に耐えられる金額までしか買わないことにしている。

パブライのルールはバフェットがよく紹介している重要なアイデアの変形とも言える。バフェットはかつてこう言っている。「あなたの最終的なお金の状況は、二〇しか枠がないパンチカードを持つことで改善します。二〇の枠は一生のうちに投資できる回数です。全部パンチしてしまったら、それ以上は投資できません。このようなルールの下では、それまでしたことを注意深く検証し、本当によく考えて投資をせざるを得なくなります。そうすれば、より良い結果につながります」

ルール　株を買うときは、もし買った直後に半分に値下がりしても、最低二年間保有しても良いと思えるほど気に入ったものを選ぶ。

八．現在の投資について語らない

私は何年もかかって、自分が保有する株について公共の場で話すべきではないということに気づいた。理由は、ほかの投資家に最高のアイデアを盗まれるかもしれないからではない。本当に問題なのは、自分が混乱するからである。公共の場で一回でも発言してしまうと、そのことと自分を切り離しておくのが心理的に難しくなる。仮にその発言を後悔するようになったとしてもだ。あとで状況が変わったり、自分が間違っていたことに気づいたりする可能性があることを考えても、株について公共の場で発言することはできるかぎり避けたい。

私がこう考えるようになったのは、マンガーが判断を誤る理由について語った講演を聞いて、ロバート・チャルディーニの『影響力の武器――なぜ、人は動かされるのか』（誠信書房）を読んだことがきっかけだった。チャルディーニによれば、私たちの思考回路のなかには「コミットメントと一貫性の原則」があるという。この原則を説明するのに、彼は一九六六年に行われた心理学の実験について書いている。この実験では、パロ・アルトの住人に、あまりお金はかからなくて近所の役に立つことがあれば、それをするかと質問する。それから二～三日したところで、同じ人たちに自分の家の芝生に、車のスピードを落とすことを促す醜いサインを設置するよう頼む。最初の質問で、安い金額で近所を助ける行為をすると答えた人たちは、すでに表明した立場を変えるのが極めて難しく、多くは醜いサインを設置しなければならないと感じていた。

同様に、もし子供にご褒美をあげると伝えると、彼らはたいてい「約束するか」と聞いてくる。彼らは直感的に、約束すると言ってしまうと、あとから方針を変えるのが難しくなることを知っているのである。

私は、このことを二〇〇三年ごろに買ったＥＶＣＩという株で経験した。この株は、買ってから一八カ月で七倍に高騰し、当時の私にとって最高に成功した投資となった。あとで考えれば、この時点ですべての持ち分を売るべきだった。しかし、私はバリュー・インベスター・インサイト（ニュースレター）のインタビューで、自分の投資の腕前を示す一例としてＥＶＣＩを称賛していた。そして、この投資を公言した結果、割安でなくなってからも売ることができなかった。この株はそのあと、いくつかの理由で半分まで下げた。あとから考えれば、状況が変わったときに自由に売るためには、あのような発言はすべきではなかったのである。

ただ、この知識を生かし、実際に公の場で自分の保有銘柄について話すのをやめるまでにはかなり時間がかかった。それに、自分の仕事を公開せざるを得ないこともある。例えば、金融危機で私のファンドが大打撃を受けたあとは、投資家を落胆させないように、安心材料を提供する必要があった。そのため、私は当時保有していたクレスードやロンドン・マイニングなどについて、素晴らしい見込みがあるのに驚くほど安い株だということを長い時間をかけて説明せざるを得なかった。

二〇一〇年にファンドが急速に回復したあと、私はやっとそれまでのやり方を変えた。自分が保有している銘柄について公の場（投資家総会、ジャーナリストとのインタビュー、投資家への手紙などを含む）で語るのをやめたのだ。この変更は、最初は簡単ではなかった。マーケットでは、一回でも期待を持たせてしまうと、だまされたと思わせずに方針を変えるのは難しい。しかし、あとで苦しむリスクを考えれば、それを断行する価値はある。

このルールは独善的になるということではない。もし投資家と個別に話すならば、保有している一部の株について話をすることもあるかもしれない。しかし、このような個人的な会話であっても、私は中立の立場で、控えめに、興奮しないようにしながらその株が優れている理由を話すようにしている。あとになって、そのときの発言と一貫性がない判断を下すことがいかに難しいかを知っているからだ。簡単に避けることができるのに、わざわざ頭痛の種をまく必要はないのである。

私の投資家への手紙では、現在の保有銘柄について書く代わりに、すでに売却した株について、詳しく事後報告をすることにしている。こうすることで、投資家に彼らの資金がどのように投資されているのかについて明確な洞察を与えることができるが、将来私ができるだけ合理的な行動をとる妨げにはならない。この方法に変えて、私の心理的な負担は明らかに減った。ほとんどの個人投資家にとっても、現在の投資先についての話は合理的な行動を難しくするだけなので、語らないメリットはあると思う。みんなの評価を心配しなくてよいのは非常に気が楽だ。

ルール　公の場で自分の投資について、あとで後悔するようなことは語らない。

うまく構築された環境と、しっかりとした投資ルールがあっても、失敗することはある。脳は、投資判断によって起こり得るすべての結果を細部まで論理的に検討するようにはできていないからだ。ビジネスや経済の世界の複雑さと、お金に関する問題に直面したときの私たちの非合理性が合わさると、たくさんの愚かな間違いにつながることになる。もちろん、これまで書いてきた習慣や手順は私たちを何とか正しい方向に導いてくれる助けにはなる。しかしあとひとつ、一章を割く価値がある投資ツールがある。それがチェックリストだ。

チェックリストを作る目的は、明らかかつ予想可能な間違いを避けることにある。株を買う最終判断を下す前に、私は自分の頼りにならない脳が警告サインかもしれない兆候を見逃していないように、最終確認としてチェックリストを使っている。これは、私の判断過程の最後のブレーカーなのである。

このアイデアは、私ではなくアトゥール・ガワンデが考えたものだ。ローズ奨学金を得てオックスフォードで学んだガワンデは、現在はボストンにあるブリガム・アンド・ウィメンズ病院の外科医で、ハーバード・メディカル・スクールの外科教授で、著名な作家でもある。彼は実践と思考が素晴らしく調和した人物で、飛びきりの善人でもある。

二〇〇七年一二月、ガワンデはニューヨーカー誌に「ザ・チェックリスト」と題した記事を発表した。これは、彼の外科医としての豊富な経験を踏まえて問題を掘り下げた実践的かつ核心を突いた記事だった。彼の言葉を借りれば、「集中治療室での処置は極めて複雑になり、経験豊富な専門医であってもミスを避けるのは不可能だということは証明されている」。彼によれば、このような基本的な課題はほかの分野にも存在する。つまり、「極端に複雑なことの管理」と「これほど複雑なことを人の力で克服することはできるのか」ということなのである。

この本では、ジョンズ・ホプキンス病院の集中治療の専門医であるピーター・プロノボストの画期的な業績も紹介している。彼は自分の患者を危篤状態にさせてしまった経験からチェックリストを作成した。この患者を死なせかけた感染を予防するための手順を一枚の紙にまとめたのだ。リストの内容はすべて「頭を使わなくてもできる」ことばかりだが、調べてみると医師は三分の一の患者について最低一つのステップを抜かしていたことが分かった。そして、病院がチェックリストを導入した結果、患者の死亡例が減ったのである。理由のひとつは、チェックリストが記憶を呼び戻す助けになるからで、「特に見逃しやすいありふれたこと」に有効だった。また、特定の予防策の重要性を明確にしたこともよかった。これに倣ったほかの病院では、チェックリストを複雑な処置に対処するための実践的な方法として活用している。

パブライは、ガワンデの記事を読んで、すぐにチェックリストは投資にも活用できるとぴんと来た。投資も極めて複雑で、一流の専門家でも、簡単に避けられるミスを犯して何度も失敗する分野だからだ。私たちの場合、死に至ることはない。しかし、投資の間違いは、老後の蓄えを託している投資家にひどく負担をかけることになる。

ある午後、マンハッタンの私の事務所にパブライがガワンデの記事をeメールで送ってくれた。そのあと電話で話すと、彼が非常に興奮しているのが分かった。彼には意外なものを簡単に結び付けてしまう才能があり、チェックリストが非常に重要だということを瞬時に理解していたのだ。私は興味深いとは思ったが、これがどれほどすごいことかを理解するには少し時間がかかった。今では、パブライが私よりもはるかに速く理解するのには慣れてしまい、バフェットの賢い観察をかみしめて自分を慰めている――「人生でカギとなるのは、だれのバットボーイになるかを見極めることです」。もう大分前に気づいたことだが、パブライのバットボーイになるのは恥ではない。むしろその正反対だ。ちなみに、私は懸命にモニッシュ・パブライに近づこうとしているが、彼は懸命にアトゥール・ガワンデに近づこうとしている。

パブライは、チェックリストのアイデアを猛烈に集中して追求し始めた。彼は私を含む何人かを招集し、できるだけたくさんの投資の間違いを思い出すよう指令を出した。それぞれのケースについては、なぜその間違いが起こり、事前に分かったはずの原因があったかどうかも合わせて報告するのだ。私の場合、振り返ってみると、重要な手がかりを見逃し、「なぜ気づかなかったのか」と頭を抱えることが何回もあった。

パブライも、自分の間違いを提供した。そして、バフェットとマンガーが犯した数少ない間違い（ネットジェッツ、デクスター・シュー・カンパニー、ディバーシファイド・リテイリング［小売りで利益を上げるのは見かけよりも難しいということを思い出すため］などへの投資）も付け加えた。バフェットは二〇〇七年の株主の手紙のなかで、彼特有の率直な告白をした。「デクスターはこれまでで最悪の投資でした。しかし私がこれからも間違いを犯すことは間違いありません。ボビー・ベアのカントリーソングに、買収でよく起こる間違いが歌われています。『ブサイクな女とベッドを共にしたことはないが、起きたらブサイクだったことは何回かある』」

パブライと私は、バークシャーがタイミングを誤った二〇〇〇年のコート・ファーニチャーへの投資についても話し合った。コートは、一九九〇年代のITブームのさなかに、創業したばかりの法人向けレンタル家具で大儲けした会社だ。しかし、バフェットとマンガーはバブルが崩壊したときの利益の脆弱性を過小評価していた。イーベイやクレイグリストの台頭で、安い中古家具を簡単に買えるようになったことも、コートの売り上げを下げる原因になった。マンガーは、のちにこの投資について「マクロ経済的な間違い」と表現した。

私はパブライを手伝って、自分やほかの投資家の間違いを注意深く分析した。パブライは、怖いくらい猛烈なペースで作業を進めていった。最初に集めた間違いを整理し、そこから得られた教訓をまとめたあと、彼はハーバード・ビジネス・スクールの学生を何人か雇い、詳細な調査を始めた。彼らは約二〇人の賢い投資家（サウスイースタン・アセット・マネジメントやフェアホルム・キャピタル・マネジメントを含む）の一三F（保有株式の報告書）を使って、売却損が出た投資を数えた。それから、学生たちは投資家たちの公共の場での発言や年次報告書などを読んで、失敗投資の原因となった考えを再現した。

ガワンデ自身も私たちの活動に興味を持ってくれて、パブライと私は彼のインタビューを受けた。彼は、二〇〇九年にベストセラーになった『アナタはなぜチェックリストを使わないのか？――ミスを最大限に減らしベストセラーの決断力を持つ！』（晋遊舎）のなかで、私たちのリストについて何ページかを割いている。なかでも、彼はパブライが高レバレッジの会社のリスクを過小評価するという「過ちを繰り返す」ことを自覚していることについて触れている。私はガワンデに、理由のひとつは私が「コカイン脳」と呼んでいる部分にあるのではないかと聞いてみた。つまり、人を夢中にさせるお金儲けという展望が、脳の中で薬物と同じ報酬回路を刺激し、本来ならば脳の合理的な機能によって警戒されるべき異常なシグナルを無視してしまうのである。当然ながら、この心理状態は、投資リスクを冷静に落ち着いて分析しなければならないときに、最適とは言い難い。

私がチューリッヒに落ち着いたのと同じころに、私たちは本物の失敗の宝庫をまとめ上げた。このなかには、パブライと私が信用危機までの過程で犯したいくつかの間違いも含まれており、それによって保有株の一部は八〇％以上下落することになった。事後分析をすると、どこで間違えたかが分かるし、何よりもその間違いを繰り返さないためのチェックリストの項目を作ることができる。

リスト作りの大きな部分を担ったパブライは、結局、自分のチェックリストを六つのグループに分類した。このなかには、レバレッジや経営といったテーマが含まれている。これは、ものすごい知的財産だと思う。私自身のチェックリストは、実は彼のリストを拝借したもので、約七〇項目あるが、現在も進化を続けている。私は、どのような投資でも、注文を出す前にチェックリストをパソコンか机の横のキャビネットから取り出して、すべきことが残っていないかを確認する。これは短ければ一五分程度で終わるが、それをすることで、これまでに何十もの誤った投資を未然に防いできた。典型的なケースは、「オーケイ、この株はリストの四つの項目にチェックがつかない」などとなり、それに基づいて投資しない可能性が高まる。ただ、これは黒白はっきりした機械的な作業ではない。

私はＡＤＤ（注意欠陥障害）だということが分かってから、自分が特定の情報を飛ばしてしまうことに気づいた（鍵をどこに置いたかなどといった初歩的なことを含めて）。これは、投資の過程でも起こる。このとき、チェックリストが投資家の定まらない注意を体系的に方向づけ、意欲をかき立ててくれる。私はときどき自分のチェックリストを、投資先を調べる過程でより理解を深めるためにも使っているが、やはり最も役立つのは、最後の転倒防止策としての効果だろう。

そのうえで言えば、私のチェックリストとあなたのチェックリストは当然違うものになる。チェックリストは使う人独自の経験や知識やそれまでに犯した間違いを反映したものであることが必要で、外注できるものではない。作成には、さまざまな分析過程を通じて過去にどこで間違ってしまったのかを知ることが重要で、そうすれば、自分が繰り返すパターンや特に弱い部分が分かるかもしれない。私たちはみんな人それぞれ違うし、失敗の犯し方も人それぞれだ。例えば、投資家のなかには、かなり高レバレッジの会社に引かれる性格の人もいる。私はそういうタイプではないため、私のリストにはリスクが高い環境への警告となるような項目はあまり必要ない。反対に、パブライは大きな負債を抱えた会社でもあまり恐れないため、これは彼がより注意すべき分野かもしれない。

同様に、ビル・アックマンのような投資家は、物議をかもすような株（例えば、経営陣がだまされやすい投資家を煙に巻くような会社）に引かれる傾向があるように見える。もし私がアックマンならば、チェックリストに、「私がこの株に引かれるのは、今できる最高の投資だからではなく、調査と追跡のスリルを味わったり、世界中の誤りを正したりしたいからではないか」などといった項目を入れるかもしれない。これはアックマンを批判しているのではない。彼は素晴らしい投資家であるとともに、傑出した調査報道のジャーナリストにもなれる人物だ。これは単に、自分の性格や理解が投資をどういう方向に導くかを知るということなのである。

私の場合、自分が好かれていると感じられることが特に重要であり、好きな人には「ノー」と言うのが難しい。そうなると、心理的な要求が私の合理的な判断をショートさせる可能性があり、これが特定の状況においては私の弱さにもなり得る。それに対抗するために、私のチェックリストには、次のような項目が入っている。「この投資アイデアは何らかの形で売り込まれたものか。この件の関係者に利己的な考えを持つ人はいるか。私がこの投資をしたら、だれが恩恵を受けるか。この投資が、私の個人的なバイアスにアピールすることを考慮して、再検討する必要はないか」

私の性格を考えれば、リターンを最大にすることだけでなく、自分の性格の一部を補うためにこのような質問を作成するほうが理にかなっているのかもしれない。チェックリストは、自分の気持ちを管理し、自分の好ましくない傾向から身を守るためのものなので、自己認識に基づいていなければ意味がないのである。

チェックリストについてもうひとつ警告しておきたいのは、これが私たちが仕事に求める望ましい性格を目指すためのものではないということである。また、「この会社は割安か」「ROE（自己資本利益率）は高いか」などといった項目があるチェックリストを見たことがあるが、これは使い方を間違っていると思う。私は、このリストをパイロットと同じような使い方をしたいと思っている。彼らのリストには、「この飛行機は速く飛べるか」「行先は南か」などといったことは書いていない。彼らがチェックするのは、かつて墜落につながった間違いを避けるために作られた項目なのである。投資においても、チェックリストの本当の目的は、過去の怖い思い出に基づいて作った生き残りのツールとなることなのである。

このことを説明する最善の方法は、私がチェックリストを作ったときの実例を見てもらうことだと思う。次に四つの短いケーススタディーを紹介する。私が高くつく投資の間違いを犯し、それを基に具体的なチェックリストの項目を追加したケースである。ここでのポイントは、銘柄選択の失敗で投資資産が何度も目減りした話を楽しんでもらうことではない。これらのケースからは、あなたのためのチェックリストを作るときに、自分の間違いや盲点をどのように分析すべきかを理解してほしい。

ケーススタディー一　冷静さを失った男

二〇〇一年、まだマンハッタンに住んでいた私は、営利目的の教育会社に投資をした。私は世界中を旅してこのビジネスについて学び、このセクターの優良企業を探すため、広範囲に深く掘り下げた調査を行った。シンガポールや上海やムンバイに行き、この業界の世界的なトップ企業のひとつであるラッフルズ・エデュケーション・コーポレーションを調べ、アナリストをフィリピンに派遣もした。ところが、最も私の興味を引いた会社は、実はすぐ近所にあった。私はニューヨーク市にあるすべての営利目的の教育機関をリストにして、愛車のＢＭＷのバイクでひとつずつ見て回った。当時の私は、このセクターについてはアメリカのどの投資家よりも詳しかったと思う。ちなみに私はバイクが大好きだ。

学校訪問をしているころ、インターボロ・インスティチュートというよく分からない単科大学に目が止まった。所有しているのは、ＥＶＣＩキャリア・ホールディングス・コープだ。この会社の積極的な経営陣は、学費の捻出が難しい人（その多くは高校中退者）に大学教育を提供する画期的な方法を考えた。この学校の学生に対する学資援助として、インターボロは実際にかかった経費以上の金額を受け取っている。つまり、学生は無料で教育を受け、ＥＶＣＩはその過程で利益を上げていたのだ。このビジネスモデルはのちに批判を浴びることになったが、私が三回以上出席した同校の卒業式を見るかぎり、社会的な価値はあったと思っている。要するに、この学校は優秀とは言い難い学生が学位を修得することで、単純作業（食料品店の梱包係など）ではなく、医療事務や保険事務の仕事に就くことを可能にしていたのである。

リサーチを始めたばかりのころ、ウイットニー・ティルトンにＥＶＣＩの話をしたところ、二人でヨンカーズにあるこの会社を訪ねることになった。ＥＶＣＩは業績は順調だったが、インターボロを買収するために発行した二〇〇万ドルの債券で身動きがとれないでいた。二〇〇三年六月、ティルトンと私はＥＶＣＩに一〇〇万ドルずつ出資した。これで、債券の負担がなくなり、事業を活性化できる。その間も、インターボロの学生数は急速に増え、利益も上昇し、一〇〇万ドルの投資は一八カ月で七〇〇万ドルに増えた。

このようなケースはアクアマリンのような小規模ファンドを運用するメリットで、巨大ファンドのアンテナにはかからない小さな会社で、それなりの株主になることができる。それに、自分の聞き込み調査の結果が出たこともうれしかった。この投資は完全勝利だと思ったし、誇らしかった。株価がこのように高騰すると、期待も膨らんでいく。「すごい。これは本物だ」

ＥＶＣＩは、営業利益も株価も七倍になり、取締役会はトップ二人の報酬を大幅に上げることに同意した。二人の基本年収は、会長兼ＣＥＯ（最高経営責任者）が三二万六〇〇〇ドルから六二万一〇〇〇ドル、社長は二六万七〇〇〇ドルから四八万三〇〇〇ドルに上がった。私は、それまでの彼らの高い経営能力を評価していたし、株主とともに、彼らにも金持ちになってほしかった。しかし、ＥＶＣＩはちっぽけな会社で、前年の営業利益は三五〇万ドルにも満たなかった。今回の昇給は、営業利益の約四分の一の現金が彼ら二人に支払われることを意味している。私もほかの投資家も、この金額は会社の規模と比較して法外だと思った。結局、会社はだれのものなのか。経営者か、それとも株主か。あとから考えれば、私はすぐにこの株を売ればよかったのだ。

これはショックだったし、腹も立った。短絡的で利己的な経営判断だと思った私は、経営陣と取締役会に宛てて手紙を出し、（あまり深く考えずに）今回の報酬制度は「バカげて」おり、投資家の信頼を損なう行為だと率直に訴えた。私はまず、所得税率が上がったことで、利益のかなりの部分はＩＲＳ（国税庁）に取られることになり、今回の制度変更は財務的に効果がないと説明した。そのうえ、この高額な報酬は株主総会招集通知にも掲載する必要があり公開される。一方、インターボロのライバル校は公立なので、運営管理者がそのような報酬を得るチャンスはない。この報酬の高騰が同業者の恨みを買い、ニューヨーク州教育省の関心を引くことは避けたい。場合によっては、インターボロの事業の運営に悪い評価が下され、最悪免許の取り消しもあり得るなどと書いたのだ。

そのうえで、私は説得力のある代替案を提案したつもりだった。大株主の権利を行使して、トップ二人に相当数のストックオプションを与えることを提案したのだ。もし株価が上昇を続ければ、彼らは何千万ドルもの利益を手にすることができる。これは、強い動機になるし、株主に利益をもたらしたことへの適切な報酬でもあると思った。しかし、経営陣からも取締役会からも何も返事がなかった。私には理解できなかった。せっかく大金持ちになれるチャンスを提供しているのに、彼らは返事すらしないのである。

それでも、彼らを説得できると確信していた私は、ヨンカーズの事務所に近いレストランで会長兼CEOと昼食の約束を取りつけた。食事が始まり、最初は誠意ある話し合いをしていたが、突然、会長が豹変した。彼は声を限りに私を怒鳴りつけ、レストランは静まりかえった。まるで映画のシーンを見ているようだった。正確には覚えていないが、多分、彼は「私がウソをついているとでも言うのか」「自分は何様だと思っているのか」というたぐいのことを言ったと思う。

私は凍りつき、どう反応すべきか分からなかった。私は彼に大金を得るチャンスを提供したつもりだったのに、彼は公の場で私に恥をかかせることにしたようだ。驚くべき展開だ。かなりあとになって知ったことだが、彼はこのころ離婚裁判が泥沼化していた。ニューヨーク州最高裁判所が二〇〇九年に下した判決によれば、彼と妻は財産分与で争っており、このなかにはＥＶＣＩの株も含まれていた。彼の妻が離婚手続きを始めたのは二〇〇三年で、裁判になり、のちに悪意の遺棄による離婚が成立した。二〇〇六年、第一審では彼側の「ＥＶＣＩ株の上昇は彼のみの努力によるもの」だとする訴えが「却下」され、その日の価格で彼の株とオプションが評価された。

つまり、当時の彼は金銭を巡って苦しい戦いの真っただ中にいた。しかも、ＥＶＣＩ株はその焦点のひとつだった。私が報酬を上げる案を覆し、株価が上がらなければ収入が増えない提案をしたので彼は激怒したのだ。将来の利益が結局は元妻のものになることを心配していたのかもしれない。いずれにしても、彼はあらゆる方面から攻められているような気がしていたのだろう。そしてもちろん、お金のことになると合理的に行動するのが難しくなることは分かっている。個人的には、この会長兼ＣＥＯは賢くて良識ある人物だと思う。しかし、難しい立場に追い込まれて彼の良い面が発揮できていなかったようだ。

この荒れた話し合いは、さらなる問題の前兆だった。ＥＶＣＩの株価はそれからすぐ半分まで下げ、その時点で私はやっとこの株を売却した。私が予想したとおり、この会社は州の教育省の支持を失い、二〇〇七年に教育省が管轄するニューヨーク・リージェンツ評議会が新しい試験基準を制定すると、インターボロの学生が学資援助を受けるのはそれまでよりも難しくなった。また、この会社は援助の資格を満たさなくなった学生に支給された何百万ドルもの学資の返還を迫られていた。二〇〇七年一二月、クロニクル・オブ・ハイヤー・エディケーション紙は、ＥＶＣＩが「ほとんどの学生が連邦政府の学資援助の資格を有していないことを認識して」インターボロの閉校を決めたと報じた。そのうえ、証券詐欺の集団訴訟まで起こされた。一時は刺激的なサクセスストーリーだった会社の不名誉な最後だった。

私がのちに、さまざまな投資の間違いを自己分析したとき、ＥＶＣＩで起こったことを再検証して実践的な教訓を得た。私にとって最も重要な教訓のひとつは、最高幹部の経営判断や経営能力に影響を及ぼしかねない要素がないことを確認するために、彼らの生活環境にも意識を向けるということだった。私も、妻と軽い喧嘩をしただけでその日は不機嫌になり、それは気分にも、知的判断を下す能力にも、影響を及ぼす。あのＣＥＯは離婚が泥沼化していて大変だったのだろう。実際、このケースはさまざまな人生の出来事が企業幹部を脱線させたたくさんの例のひとつにすぎない。また、家族の不幸やビジネスパートナーとの深刻な対立、極端な額の個人負債なども同じような影響を及ぼすことがある。

人生には厄介なことがたくさんあるし、だれにでも試練はある。しかし、会社の上層部であっても私たちと同じで、個人的な動揺で脱線することもあるということを知っておくことは重要だ。結局、彼らが八方ふさがりならば、劣った判断を下す可能性は高くなる。そこで、私のチェックリストには、ＥＶＣＩで苦労して学んだ教訓を生かすための項目を加えてある。

チェックリストの項目　主な経営陣のなかに、株主の利益のために行動する能力に影響を及ぼすほどの個人的な問題を抱えている人はいないか。また、経営陣が過去に利己的でバカげた行動をとったことはないか。

ケーススタディー二　タッパーウェアの複雑な物語

タッパーウェア・プラスチックス・カンパニーは、一九三八年にデュポン・ケミカルの社員だったアール・サイラス・タッパーが創業した。彼は、最初のタッパーウェアを石油精製の途中で出る廃棄物のポリエチレンスラグで作った。今日、この象徴的なブランドのプラスチック容器は約一〇〇カ国で販売されている。この会社は、製品を店舗で販売する代わりに、「コンサルタント」と呼ばれる販売員（タッパーウェアレディー）が企画するタッパーウェア「ホームパーティー」でさまざまな製品を紹介する戦略を用いており、パーティーの場所を提供した主催者には無料で製品が提供されることになっている。

一九九〇年代末に、私はタッパーウェアに興味を持った。高品質なビジネスの特性をすべて備えているように見えたからだ。特に、並外れた利益幅とROEには感銘を受けた。五ドルのプラスチックを五〇ドルで販売するタッパーウェアに変えてしまう会社なのだ。この会社はさほどの資本を必要としないのに、多額の現金を生み出していた。そのうえマンガーも、判断を誤る理由の講演で、タッパーウェアパーティーの話を取り上げていた。これらのパーティーは、ロバート・チャルディーニの本に出てくる一連の「心理を操作するトリック」を実証しているというのだ。パーティーの効果は絶大で、主婦たちは高額にもかかわらず、大量のタッパーウェアを購入していた。

私は、この仕組みを自分自身で体験してみたいと思った。そこで、友人と二人で主催者になり、ニューヨークの私の自宅でタッパーウェアパーティーを開いた。そして、心理トリックの効力におののいた。まず見られたのが「返報性の原則」だった。私たちは、主催者として、パーティーでの販売個数に応じていくつかのタッパーウェアをもらえることが分かっていた。そのため、私たちは最初からタッパーウェアレディーにこのようなイベントを企画してくれたことを感謝していた。無料でもらえるタッパーウェアも楽しみだ。そして、パーティーが始まると、タッパーウェアレディーはまず参加者全員に小さなお土産を渡した。これで手ぶらで帰る人はいない。そうなると、みんな返報したくてうずうずしてくる。チャルディーニが予想したとおりだ。

パーティーにおけるもうひとつの心理トリックは、「好意の原則」だ。私たちは招待した友人たちが好きだし、彼らも私たちに好意を持っている。タッパーウェアレディーがお土産を渡すと、みんな彼女にも好意を持つ。ほんの三〇分前には会ったことすらなかった彼女が今はただの知人ではなく、私たちの仲間のように感じてしまうのである。

このようにして、原則どおりパーティーは進んでいく。例えば、タッパーウェアレディーは食品について相当量の知識を持っており、それが「権威の原則」に従ってタッパーウェア販売員としての彼女の権威を高めていた。また、パーティーに参加者全員には足りない数の製品しか持参しないことには「希少性の原則」の要素が見られた。さらに、忘れてならないのが、タッパーウェアの色鮮やかさで、それも私たちの注目を集めるのに一役買っていた。簡単に言えば、このパーティーは販売心理が最も効果的に使われた素晴らしい例だったのである。ほんの二～三時間で、わが家に来たタッパーウェアレディーは二〇〇〇ドル以上を売り上げ、彼女自身も一〇〇〇ドル近くを稼いだ。

ものすごい現象を直接見た私は、この会社の成功の秘密が分かった。優れた業績は、パーティーでいかんなく発揮された卓越した心理トリックの効果だった。それに加えて、この会社は新興市場に（たとえ飽和状態になっていたとしても）、無限の可能性を持っていた。これらの洞察を得て、私は急いでこの株を買った。二分ごとに世界中のどこかでタッパーウェアパーティーが開かれ、これらの原則が応用されていることを知っていた私は安心していた。

しかし、残念ながら私は間違っていた。投資のなかにはすぐにダメになるものもあるが、これは少しずつ落ちていった。そして投資ポートフォリオにとってはそのほうが痛手となる。ゆっくり落ちていく株は長期間にわたって精神を消耗させるからだ。私がタッパーウェア株を保有していた期間に、売り上げが振るわない地域が常にどこかにあり、全体の売り上げも伸びてはいかなかった。しかし、私は四半期ごとのカンファレンスコールを聞いても、問題点を探ろうとはしなかった。非常に優秀な経営陣が懸命に努力しているという話を信じてしまったのだ。しかし、やがて私もこの会社が根本的な問題を抱えていることが分かってきた。競争が激化し、価格の高さが成長の深刻な障害になっていたのだ。

私は、この会社の問題点に気づくまでに二〜三年かかってしまった。最初にタッパーウェアが登場したとき、これはほかにはない製品だった。顧客は「新鮮さを閉じ込める」この製品に高い金額を支払った。しかし、この何十年かの間に、多くの競合他社が参入し、同じくらい新鮮さを保てる製品が出てきたのだ。他社製はタッパーウェアほど魅力的ではなかったかもしれないが、スーパーマーケットで安く簡単に手に入った。そうなると、単純な製品に高価格を付ける正当性は失われた。経営陣にどれほどの能力があっても、この経済的に厳しい現実を覆すことはできなかった。バフェットも言っているように、「素晴らしい経営者が経済性の悪い会社の経営に挑んでも、結局、無傷で残るのは悪い会社のほうです」。

結局、私は一九九九年の夏に降参し、二〜三年前の買値と同じくらいの価格で売却した。この期待外れの投資については、「この製品は価格に見合う価値があるか」という分かりきった質問をしなかったことが明らかな敗因だった。タッパーウェアパーティーという確信的な経験をしたことで、この株を買うことに心理的に傾倒しすぎ、一歩引いて落とし穴を探すことができなかったのである。

この失敗は、非常に有益な教訓を与えてくれた。エコシステム全体がウィン・ウィンになれる会社だけに投資をするということである。エコシステムは、コンサルタント用語で言うところの「バリューチェーン」（価値連鎖）だが、言葉は何でもよい。重要なのは、素晴らしい会社が大きな利益を上げると同時に、顧客に本物の付加価値を提供していることである。タッパーウェアも、最初は画期的な製品でそれをしていた。しかし、今はもうそうではない。

反対に、世界一のビジネス（例えば、ウォルマート、コストコ、ガイコ、アマゾンなど）はどうだろうか。ウォルマートはすべての商品をできるだけ安く提供するために、常に配送システムのコストを見直している。顧客はこれを歓迎し、毎年ウォルマートは売り上げを伸ばしている。そうなると、利ザヤが減る納入業者は嫌がると思うかもしれない。しかし、彼らはウォルマートにおける売り上げだけで十分恩恵を受けているのである。つまり、このエコシステムでは、ウォルマートも、株主、納入業者、顧客もみんなが得をしている。ちなみに私はウォルマートは保有していない。私の投資条件では、会社の規模が大きすぎるし、株価も高すぎるからだ。それに、ウォルマートの成功は地元の店や従業員の犠牲のうえに成っているという批判がある点も気になる。

私は将来的にはバリューチェーンをさらに分析して、これをより効率的に利用している会社を探そうと思っている。このような分析をしていれば、タッパーウェアのような間違いは避けられたと思う。また、フィリップ・モリス（並外れた利益率を誇るが、顧客の健康を損ねている）やギリシャの国営賭博事業会社のＯＰＡＰ（並外れた利益率を誇るが、顧客の財産を損ねている）などといった会社も避けることができる。この二社はとてつもない利益を上げているが、人の弱みに付け込んで儲けている。顧客や社会全体にとって見れば、これはウィン・ウィンの事業ではないと思う。

私は、合法であっても社会に悪影響を及ぼす会社には個人的に投資したくないと思っている。非合理的だと言われても、それは罰当たりだからだ。それよりも、社会に恩恵をもたらしている会社に投資をしたい。繰り返しになるが、この教訓を得て、バフェットはすでにこのことを知っていたことに気づいた。私の知るかぎり、彼が保有する会社はすべてこの高い基準を満たしているからだ。

チェックリストの項目　その会社は、そのエコシステム全体にウィン・ウィンの状況をもたらしているか。

ケーススタディー三　背景に何があるのか

ウォルマートやコストコを調べていたことが、カーマックス（中古車業界のウォルマートやコストコ的存在）への投資につながった。カーマックスは一九九三年にバージニア州で一号店を開いて以来、四〇〇万台以上の車を販売し、全米に約一〇〇店舗を展開している。この会社は、狭い利ザヤ（買い取り価格と販売価格の差）で非常に効率的な運営を行っている。顧客は、この大型店の販売価格が最安値だということを知っている。しかも、二年落ちのメルセデス・ベンツSUVから一九五〇年代のマスタングのオープンカーまで莫大な数の車が在庫されているのだ。

そして、カーマックスのビジネスモデルには、融資というもうひとつのカギがあった。アメリカでは、多くの人が車をリースしている。融資を受けられなければ、カーマックスの顧客の多くは車を買うことができない。実際、もしカーマックスが借り入れを起こせなければ、この会社のビジネスモデルは崩壊する。そして二〇〇八年、それが現実となった。世界的な金融危機のさなか、カーマックスとその顧客に対する信用供与が難しくなり、売り上げが急落したのだ。そして、株価も暴落した。

この件でも、私は会社のすべてのバリューチェーンを理解する重要性を知った。カーマックスがこれほどまで社債に依存していたことについても、そのためにどれほど脆弱になっていたかについても、検討が足りなかった。カーマックスに投資していたとしても何もおかしくはなかった。ただ、信用危機があれほど厳しくなるとは予想できなかった。いずれにしても、今回の件で、私は会社がバリューチェーンのなかのコントロール不能な部分に過度に露出している場合は、そのことに気づくことが重要だということを学んだ。そして、もしそのようなときは（よくある）高いリスクに見合う安い価格で買う必要がある。

この経験から、私は会社の質をより深く見るためのチェックリストの項目を作った。内容的には、「この会社の収益は、信用市場に影響されるか」でもよいが、チェックリストの文言は厳密には定めていない。この項目をもっと一般的にすると、次のようになる。「この会社はバリューチェーンのどこに位置し、バリューチェーンのなかでコントロール不能な部分が変化した場合、会社のどの部分が影響を受ける可能性があるか」

ここでのポイントは、コントロールが及ばない力に運命を左右される会社ではなく、自社の運命を自分でコントロールできる会社に投資をしたいということにある。

また、この考えを使えば、素晴らしい投資チャンスを見つけることもできる。それにはまず、バリューチェーンの一部が不調になると、会社全体が行き詰まってしまう会社を探す必要がある。もしその問題が一時的なことならば、その株を底値で買うことで、バリューチェーンの問題が解決したときに値上がりが期待できるからだ。

このような思考過程を経て投資したのが、フィリピンのコンデンスミルクの大手メーカーであるアラスカ・ミルクだった。この会社で使っている主な原料は外国から輸入している粉ミルクだった。あるとき粉ミルクの価格が世界的に高騰したため、この会社の利ザヤはかなり縮小し、株価も下落した。私は、いずれ中国の需要に応じて供給が増えれば粉ミルクの価格は通常に戻ると確信していた。そうなれば、アラスカ・ミルクの利益も反発するだろう。実際、そのとおりになり、この株は五年で約五倍になった。

チェックリストの項目　バリューチェーンのコントロール不能な部分が変化したときに、その会社はどのような影響を受けるか。例えば、収益は信用市場や特定の商品価格に危険なほど依存していないか。

ケーススタディー四　私がバランスを失った投資

スマート・バランスから社名変更したボルダー・ブランズは、マーケティングのスーパースターであるスティーブ・ヒューズが率いる画期的な食品会社である。看板商品は、野菜や果物の油をブレンドしたスプレッドで、シェッドのカントリークロックやアイ・キャント・ビリーブ・イッツ・ノット・バターなどといった人気のマーガリンと競合している。スマート・バランスのスプレッドは、ブランダイス大学の食品科学者が特許を取得した油の混合工程に基づいて作られており、トランス脂肪酸が大量に含まれたライバル会社のスプレッドとは違う本当に健康的な代替品になっている。それどころか、このスプレッドは「悪玉」コレステロールを減らし、「善玉」コレステロールを増やすと言われている。この会社は一九九七年に創業してすぐに、ランド・オレークスを抜いてマーガリン分野で第三位のブランドになった。

長年、ネスレに投資している私は、このような「機能性」食品が急成長を遂げ、さらに高い利益率が見込める食品業界のニッチ分野であることを実際に見てきた。今は小規模で機敏なスマート・バランスだが、次の五年程度でマーガリンや関連商品（ピーナッツバター、ポップコーンなど）が急成長を遂げるだろう。そして、そうなればライバル大手に買収されることになるだろう。この会社のもうひとつの良いところは、生産と流通を外部委託しており、販売とブランド管理だけに専念していたことだった。そして、経営陣もかなり優秀だった。

ヒューズは経営者として並外れた評価を得ていた。彼がアメリカでトロピカーナのジュース事業を好転させたことは有名で、その後はセレスティアルシーズニング（紅茶）やシルク・ソイミルク（乳製品ほか）などでも似たような功績を上げた。フォーチュン誌に掲載されたスマート・バランスの記事は、「過去二〇年間、食品業界を渡り歩いたスティーブ・ヒューズは、行く先々で成功を収めてきた」という文で始まっている。彼自身の言葉を借りれば、「私たちは、この会社を一〇億ドル規模の本物のメガブランドにするつもりです」。

当時の私は、まだ経営陣に会うという習慣をやめていなかった。事務所を訪れた彼に、私はすぐに魅了された。彼は経歴も素晴らしかったが、それだけでなく非常に賢くてカリスマ性があり、良い意味でみんなに好かれ、尊敬される素晴らしい人物だった。このときすでに、彼の凄腕チームがスマート・バランスの製品をウォルマートで販売する契約を取りつけ、私自身もこのブランドが買い物客にかなり支持されている様子を確認していた。また当時、私の下で働いていたアナリストもこの株が好きで、私に強く勧めていた。彼の場合、めったに新しい株を買わない長期投資家の私と働いていて、もどかしさを感じていたのかもしれない。私たちは、勝ち組を見つけたと確信して、二〇〇七年にスマート・バランスの株を買った。問題はただひとつ、株価が高すぎたことだった。

もちろん、当時の私はそのことに気づかなかった。株価はピーク時から三〇%以上下落したところだったが、ＰＥＲ（株価収益率）もＰＣＦＲ（株価キャッシュフロー倍率）もかなり高い水準にあったからだ。私は評価額を時系列で相対的に見るという典型的な間違いを犯していた。あのとき私は、「この株価は絶対的に見て安いのか」と自問すべきだった。それなのに、高値から下げて比較的安くなったと安心していたのだ。また、ヒューズの野心的な成長目標を当てにして、株価の急落を正当化していた。彼の、そして私の思い描く輝かしい未来を考えれば、スマート・バランスは掘り出し物だと思っていた。

その後の経過は、悲惨ではなかったが、期待していた勝利でもなかった。金融危機に見舞われて、消費者はスマート・バランスのスプレッドのような高級品を買わなくなった。コレステロールの悩みよりも、お金の悩みのほうが深刻だったからだ。しかし、スマート・バランスの成功に押されていたライバルにとっても、追い風にはならなかった。小売価格の競争激化が利益をさらに蝕んでいたからだ。

ヒューズと彼のチームは厳しい状況のなかでよく健闘した。価格を注意深く観察し、低価格製品の重要性を認識して、ベスト・ライフという価値あるブランドも買収した。この苦しい時期に、この会社はかなりのフリーキャッシュを生み出し、それをマーケティングや負債削減、自社株買いなどに賢く配分していったのだ。彼らができることはすべて的確に行っていたことを考えれば、不満は言えない。しかし、五年後の二〇一二年にやっとこの株を売却したとき、私は投資資金の約三〇%を失っていた。

悪いのは私だった。高い買値は、この会社の潜在能力をすべて発揮して、初めて正当化できる価格だったからだ。私は、買った時点における会社の価値に注目せず、スーパースターの経営者が有望なブランドで達成するかもしれない価値に投資するという間違いを犯したのだ。食品業界に詳しい買い手ならば、ヒューズの存在を加味せずに、私が支払った額の六〇～七〇%程度ならば買ったのだろう。私はそれよりもさらに安く買うべきだった。そうすれば、悩まなくてすんだ。また、私はブランドがみんな同じではないという現実も見過ごしていた。スマート・バランスは良いブランドで、伸び代もあったが、ネスレではなかったのである。

私は長年、たくさんの割安株を買ってきたが、ときどき高品質の会社だと思うと過剰に支払ってしまうことがあり、自分でもあきれている。この欠陥が、スマート・バランスの投資に失敗した主な原因だった。今回のカギとなる教訓は、私の高値買いの傾向を阻止できれば、かなりの資金を節約できるということだ。また、そうできれば、神経もすり減らさずにすむ。結局、最初に払いすぎたときは、安全域がない分、その会社についてて知っておくべきことをすべて知っておく必要がある。しかし、割安のときに投資すれば、いくつかの点で間違っていたとしても、良いリターンを上げることはできる。

チェックリストは、自分の弱みを分かったうえで作成しなければ、それを補足するものにはならないため、この種の自己認識は不可欠である。似たような例を挙げると、モルガン・スタンレーから二〇〇七年にスピンオフしたディスカバー・ファイナンシャル・サービス（ＤＦＳ）という会社も高値で買ってしまった。今になってみれば、私がＤＦＳに引かれたのは、非常に難易度の高い分析を要したからというおかしな理由だったことが分かる。ＤＦＳは非常に利益率の高い会社だったが、ビジネスがあまりにも複雑で、ビジネスの「堀」が広いのか狭いのかを見極めるのが実質的に不可能だった。このとき私は次のように考えた。「ほかの投資家は、この株が高すぎると考えている。しかし、彼らはこれが驚くべき会社だということを示すわずかな違いが理解できないだけだ。賢い私には、彼らには見えない微妙な違いが見えているから、恐れず大金を支払うことができる」

私のようなタイプ、つまり、賢くて高学歴であることにプライドを持っている人たちは特に、このように自己陶酔的に思いあがる傾向がある。そして、DFSのような会社の分析につい熱中してしまう。しかし、本当はこのような会社はバフェットが言うところの「難しすぎる」の箱に入れるべきだったのだ。残念ながら、当時は自分のこの危険な傾向について適切な知識を持っていなかった。私は複雑な分析が必要なDFSを二〇〇六年一月に一株当たり約二六ドルで買った。そして、すぐに後悔した。

信用危機が最高潮に達していたとき、DFSは五ドルを割り込み、会社が生き残れるのかどうかはまったく分からなかった。しかし、早く売りすぎて間違いの上塗りをしたくはなかった私は保有し続けた。結局、この株は急反発し、二〇一一年一一月に、買値とあまり変わらない二四ドルでやっと売ることができた。しかし、もし私が自分の二つの弱み（高値つかみをする傾向と、賢い気分を味わいたいがために難しい分析を好む非合理的な熱意）をしっかりと認識していれば、このときの痛みと苛立ちは避けることができたはずだ。スマート・バランスと、DFSの辛い経験によって、私はチェックリストにいくつかの項目を付け加えた。

チェックリストの項目　株価は十分割安か（相対的にだけでなく）。株価は、将来のバラ色の期待に対してではなく、今日の事業内容に見合う金額か。この投資に個人的な欠乏感を満たす心理的な効果はあるか。例えば、自分が賢く思えるから買いたいのではないか。

チューリッヒにある私の本棚には、ロバート・グリーンの『権力に翻弄されないための四八の法則』（角川書店）という本がある。アメリカだけでも一二〇万部を売り上げ、ファスト・カンパニー誌で「巨大カルトになり得る最高傑作」と絶賛された本だ。著者の邪悪なメッセージは、「法則一四　友を装ってスパイを働け」のところを読むだけでも雰囲気はつかめると思う。この法則を簡単にまとめれば、次のようになる。「ライバルについて知ることは非常に重要だ。スパイを使って、一歩先んじるための貴重な情報を集めるのだ。自らスパイになることができればなおよい。丁寧で社交的な会話を駆使して探りを入れよ。さりげない質問をして、相手の弱点や意図を引き出すとよい。巧妙なスパイにとっては、どのようなことでもチャンスになる」

ある意味、この狡猾でマキャベリ的な人生と仕事の取り組み方は、かなり魅惑的でもある。若いころの私にもこのような部分があり、知性と抜け目のなさで頂点に上り詰める未来のゴードン・ゲッコーだとうぬぼれもした。そして、D・H・ブレアでは、ひねくれたやり手が自分の利益を最優先にして大金を稼ぐ方法がウォール街にはいくらでもあることを知った。しかしあとになって、食うか食われるかの金融の世界にも、もっと見識のある成功への道が存在することを知った。私が「バフェット－パブライ方式」と呼ぶ方法だ。

バフェットとパブライを、遠くから見て、近くでも見ることで、私は少しずつ良い投資家と良いビジネスマン、そしてできれば良い人間になることを目指して学びを重ねていった。この過程は、D・H・ブレアに勤務していたころに、ローウェンスタインによるバフェットの伝記を読んだときから始まった。この本は、私を変えた。バフェットの考え方が私の頭を満たし、モラルの迷路から抜け出すための指針を必死で求めながら限界状態にあった私に、正しい人と正しいアイデアを教えてくれたのだ。実際、最高の学びの環境は、正しい人に囲まれていることだ。チャリティー昼食会でバフェットがパブライと私に次のように言った。「自分よりも優れた人たちと一緒にいれば、いやでも向上しますよ」

この言葉は、私に大きな影響を与えた。バフェットのおかげで、私は優れた人たちとともに人生を過ごすこと以上に大事なことはないと知った。言い換えれば、人との関係こそが、決定的に重要なのである。実際、投資や人生やそれ以外の分野で成功するために、戦いの場を自分に有利に傾けたければ、これ以上大事なことはないと確信している。それでは、どのようにして正しい関係を構築すれば、学ぶべきことを学び、なりたい自分になれるのだろうか。

私は、仲間のグループの圧倒的な重要性を、ニコラス・クリスタキスの本を読み、そのあと

ＴＥＤトークを聞くまで完全には理解していなかった。彼はハーバードの仲間とともに、社会的ネットワークと肥満の関係について調べ、そこから重要な発見をした。肥満の友人がいる人は、肥満になる可能性が高いというのだ。同様に、適性体重で健康的な友人がいれば、自分もそうなる可能性が高くなる。言い換えれば、私たちの緊密な社会的つながりは、明らかなことだけでなく、気づかないようなささいなことにも及んでいるのである。

これは、ビジネスにおいても同じに違いない。もしそうならば、当然私も自分の社会的ネットワークにできるだけ最高の人たちを意識的に集めたい。そこで、私はまずこの考えを利己的に利用するため、「社会的資本」を構築すれば、それが金銭的にもプロとしてもさらなる成功に導いてくれるのではないかと期待した。しかし、関係を構築し始めると、それが人生をとても豊かにしてくれたため、私のひねくれた動機はだんだん遠のいていった。もちろん自分がマハトマ・ガンジーだとは言っていない。しかし、素晴らしい人たちとのつながりが深まっていくと、それが心からの喜びをもたらし、隠れた目的は必要なくなってしまったのだ。彼らとの友情は自己開発のツールではなく、友情自体が素晴らしい結果だったのである。

この原稿は、思いがけずコネチカット州にあるデラマー・グリニッジ・ハーバー・ホテルで執筆している。一〇年前の二〇〇四年二月一一日に、パブライと初めて一緒に食事をしたまさにその場所だ。あのときの出会いが、私の人生で最大の喜びのひとつである彼との友情につながった。彼との関係には、本章で伝えたいことのすべてが詰まっていると言っても過言ではない。

つい昨日、パブライから「執筆は中断だ。次のアイデアが見つかりそうだ！」という件名のeメールが来た。本文には、簡潔なメッセージと、あるアジアの会社名、そして「四x！」とあった。つまり四倍になる可能性がある株が見つかったので、知らせてくれたのだ。そして同時に、彼は私がさらに調べて有益なセカンドオピニオンを伝えると信じてくれている。ちょうどバフェットが何十年にもわたってチャーリー・マンガーを頼ってきたような関係だ。もちろん、返答の質はマンガーにはまったく及ばないが。

考えてみてほしい。パブライという現代における偉大な投資家が、最新の投資アイデアを自ら打ち明けてくれるのである。この親切な行動は、もし私も調べてこの株を買うことにすれば、ある意味、私と私のファンドへの投資家に宛てた多大な金銭贈与にもなり得る。しかし、もっと深いところで、この簡単なeメールは本物の友情（分かち合い、信頼、寛大さ、好意）の賜物なのである。また、この行為は根底にある友情の力（二人で考えれば、かなりの相乗効果が得られることが分かっている）のうえに成り立っている。これは、パブライがよく引用する古い格言で、ロナルド・レーガンも好んだ「だれの功績かを気にしなければ、できることに限界はない」ということなのだろう。このような友人がいて、それ以上に何を望むというのだろうか。

そんなことは火を見るよりも明らかだと思うかもしれないが、これは本書で恐らく最も重要なポイントなので、明確に伝わることを願う。正しい人と人生を過ごすこと以上に大事なことは、ただのひとつもない。知るべきことはすべて彼らが教えてくれるからだ。

パブライとの付き合いのなかで、私は数えきれないほど目からウロコが落ちるような学びの経験をしてきた。例えば、この一〇年で彼がみんなのために何ができるか（逆ではない）を考えているところを繰り返し見てきた。彼が何を考えて行動しているのか説明されたことはない。私がただ、彼が私やそれ以外の人たちと行動を共にする様子を見て、できるだけ多くを学ぼうとしてきただけだ。彼は最初は本物の関係を築くことに集中し、そのあとは常に相手に何ができるか（してもらうかではなく）を考えている。しかし、それは押しつけがましくないし、恩を着せるわけでもない。彼は、単純に「彼らのために何ができるのか」と考えているだけなのだろう。これは、優しい言葉かけのときもあれば、何らかの助言だったり、だれかを紹介したり、相手を思っていることを伝えるために本を送ったりする場合もある。

このように行動することで、パブライは素晴らしい人のネットワークを構築し、ここではみんなが彼を好きで、彼を助けたいと思い、彼の親切に感謝している。これが与える側（取る側ではなく）になって善意が積み重なっていくことによる途方もなく強力な効果なのである。そして、彼が教えてくれたように、人生においては、与えるほうが結局は奪った場合よりもはるかにたくさんの恩恵を受けることになる。まさにパラドックスだ。ほかの人たちを助けることに集中していると、結局は、それが自分を助けることになるというのは皮肉としか言えない。

ただ、この考えに馴染めない人もいる。そういう人は、人生がゼロサムゲームだと思っていて、与えた人はその分貧しくなると思っているのだろう。

もちろん、バフェットもこのことを完璧に理解している。これには、ものすごく親切で寛大だった彼の亡き妻スーザンの影響と実例も少なからずあるかもしれない。バフェットは、病院に彼女を見舞ったあと訪れたジョージア工科大学での講演で、次のように述べた。「私くらいの年になると、成功した人生だったかどうかは、自分が愛してほしい人のなかの何人が本当に愛してくれているかで決まります。私の知り合いには、お金持ちで、謝恩晩餐会を開いてもらい、病院の一角に名前が付いているような人もいます。しかし、実際には世界中のだれも彼らのことを愛していません。私の年になって、自分のことを良く思う人がひとりもいなければ、貯金がいくらあってもそれは最悪の人生です」

彼はさらに続けた。「問題は、愛はお金で買えないということです。セックスは買えます。謝恩晩餐会も買えます。自分を称賛したパンフレットも買えます。しかし、愛を得る唯一の方法は、愛される人になることです。もしお金をたくさん持っていたら、非常にしゃくに障るでしょう。小切手で、一〇〇万ドル分の愛が買えればいいのに、と思うかもしれません。しかし、そうはいきません。ただ、愛はたくさん与えれば、たくさん得ることができます」。バフェットが教えてくれたさまざまな教えのなかでも、これが最も大事なことかもしれない。

バフェットは株選びが優れているだけだと思っている人がいれば、それは明らかに大事なことを見落としている。チャリティー昼食会のときに見た彼の優しさと心の広さは本物だ。彼は明らかに、私たちが望み、期待し得る以上の価値を提供しようとしていた。彼はあのとき、グライド基金と私たちに何かを与える側（受け取る側ではなく）だったのだ。彼の対応は、ただ丁寧で心がこもっていただけではない。彼は全身全霊でこの昼食会を私たちが忘れられない出来事にしてくれようとしていた。世界で最も裕福な人のひとりで、私たちから得るものはないのに、このように私たちをもてなしてくれたのである。

彼のこのような姿勢は、それから何年かたって、パブライと私にオマハの事務所を案内してくれたときや、「ガイ、君の年次報告書を楽しく読んだよ」などと一筆メモをくれたときにも見られた。この、何秒かで書ける走り書きが、彼の小さな親切であり、バフェットがそれをしてくれたことは、私にとっては何事にも代えがたいことなのである。もしこのような行動をとることに報酬があるとすれば、それはこのような生き方をすることで、幸せになり、心が軽くなることくらいだろう。彼は、特に目的を持ってそうしているのではないと思う。しかし、バフェットもパブライも、世の中の本質的な仕組み、つまり与えれば与えるほど与えられるということを理解している。バフェットの生き方は、好循環の素晴らしい例と言える。

もしかしたら、私が伝えるべき最も重要なことは、学び方なのかもしれない。自分よりも優れた人をよく見て、彼らの行動をロールモデルにし、彼らのやり方がなぜうまくいく賢い方法なのかを自分自身で体験するのである。これはバフェットやパブライをもてはやしているのではない。彼らだって、私たちと同様に多少の欠点や弱点はある。カギとなるのは、投資家（ひいてはビジネス人、すべての人）が学ぶべきことのなかで何よりも大事なことは、自分の道を切り開いていける人になるために、指針となる卓越したロールモデルを見つけることだと思う。もちろん、本もお金には換算できない知恵の宝庫だ。しかし、究極の先生は人であり、彼らを観察したり、彼らの存在があることでしか得られない教えがある。多くの場合、これらの教えは言葉では伝わらない。しかし、一緒に過ごしていれば、その人の指針となる精神を感じることができるのである。

このことに関する私のお気に入りの例は、リ・ルーが『プア・チャーリーズ・アルマナック』（Poor Charlie's Almanac）の中国語版のまえがきで紹介している逸話だ。ルーは、マンガーと会う約束をしているときに、どんなに早く行ってもマンガーがすでに来ていることに気づいた。彼は少しずつ行く時間を早めていったが、やはりマンガーのほうが先に着いている。そのうち、ルーは一時間前に行くようになり、それぞれが約束の時間まで別々に新聞を読むようになったのだという。どうやら、マンガーはかつて一度だけ大事な会議に遅れたことがあり（彼の過失ではなかったが）、そのときに二度とそのようなことがないようにすると誓ったのだという。

バフェットについて言えば、彼は社会的動物で、自分の周りに素晴らしい人たちのエコシステムを作っている。そして、この人たちは彼の価値観を反映し、強化していっている。彼の側近には、チャーリー・マンガー、ビル・ゲイツ、アジット・ジェイン、デビー・ボサネック、キャロル・ルーミスなどがいる。しかし、エコシステムにはほかにもたくさんの人がいる。彼らはバフェットのことを気にかけ、バフェットも彼らを気にかけている。バフェットの相手を見極める目はますます冴え、傑出した人たちと組むことで、驚くほど間違いを減らしている。バークシャーの傘下には、素晴らしい会社だという理由だけでなく、その素晴らしい経営者を自分のエコシステムに入れたかったから買ったのではないかと思うケースがいくつもある。例えば、トーマス・マーフィー（キャピタル・シティーズ／ＡＢＣ）やローズ・ブラムキンなどといった人たちだ。バフェットはブラムキンの驚くべき労働倫理についてよく語っている。明らかに彼のロールモデルなのだろう。

自分のかかわる世界を広げる方法が無限にあることは、私自身の経験からも言える。そのうちのいくつかは明らかすぎて言うまでもない。しかし、これらの単純で実践的なステップが私の人生を大きく変えてくれたことを考えれば、陳腐に聞こえるかもしれないが、簡単に触れておく。例えば、私はこれまでいくつかの組織に所属し、さまざまな意味で自分よりも優れた人たちと付き合う機会に恵まれてきた。このなかには、リーダーシップの質について教えている二つの非凡なビジネスグループも含まれている。ＥＯ（起業家機構）とＹＰＯ（ヤング・プレジデンツ・オーガニゼーション）だ。同様の理由で、トーストマスターズ（スピーチを通じてリーダーシップを学ぶことを目的としたＮＧＯ）にも参加している。また、毎月シャイ・ダーダシティが主催してマンハッタンのコルベ・レストランで行われる集まりでは、たくさんの素晴らしいバリュー投資家と出会った。私にとって最も価値があるビジネス上のつながりのいくつかは、この月一回の昼食会で得たものだ。

このようなグループに参加することがどれほど助けになっているかを見てきた私は、のちにジョン・ミハルジェビック（**『バリュー投資アイデアマニュアル』**［パンローリング］の著者）と組み、「同じ考えを持った人たちが、役立つ知恵と、より良い投資家になるための学びを通じて、より良い人になる」ための場所として、バリューエックスを立ち上げた。目的は、全員がお互いに良い影響を及ぼすコミュニティーを作ることにある。結局、ひとりよりもみんなの助けがあったほうが、はるかに楽に前進していける。似たような理由で、私の家族はスイス国内のユダヤ人社会にも属している。クリスタキスが教えてくれたように、仲間のグループの影響力は広範囲に及ぶ。宗教的なコミュニティーに参加することで、私たち家族が精神的にもモラル的にも向上できるのではないかと思っている。この効果は、オマハでのバークシャーの株主総会や、パサデナでのウエスコの株主総会に参加することが私を投資家として成長させてくれることと似ている。

私がこれらのグループやイベントに参加し始めてすぐのころは、優れた人に出会うことが自分を向上させてくれると思っていた。もちろん、このようなネットワーク作りにメリットがあるのは間違いない。しかし、今の私には、このような前向きな環境に身を置き、ビジネスにおいても人生においても私よりもはるかに優れた人たちを観察するチャンス自体に意味がある。そして、これはバークシャーの株主総会という豊かな学びを経験できる会に参加する数多くの理由のひとつでもある。例えばある年、オマハで友人のジョナサン・ブラントと飲んでいると、すぐ近くにドン・キーオが立っていた。彼は著名なビジネスリーダーで、バークシャーやコカ・コーラやマクドナルドなどの取締役も務めてきた人物だ。彼はジョナサンに気づき（ジョナサンの父親は昔からのバークシャーの株主）、少し話をしたあと、わざわざ私に自己紹介してくれた。彼のすべてのエネルギーが私に集中すると、私は体を電気が走ったように感じた。その瞬間、彼の唯一の関心事は私だという気持ちにさせてくれたのだ。

もちろん、これは単純にだれもがする丁寧で適切な行動だということもできる。確かにそうだ。しかし、このようなつかの間の遭遇でも、ビジネスの世界で活躍する人たちの質の違いを見た気がした。例えば、キーオが私に与えた影響は、人と会うときにはしっかりと気持ちを入れて対応することの重要性を教えてくれた。特に、相手が新人だったり、不安そうだったりするときはそうしたほうがよい。彼と出会ったことで、私もいつか彼のように初対面の相手に誠実で印象深い出会いを感じてほしいと思うようになった。

同様に、バフェットがＭＢＡ（経営大学院）の学生に熱のこもった講演を頻繁に行っていることにも、私は感銘を受けている。彼らは、人生のなかで特に新しいアイデアを受け入れることができる段階にある。もし卒業後の仕事が決まっていない人がいれば、少し弱気になっているかもしれない。そんなときに、バフェットの寛大な精神は何よりも励ましになるだろう。ここからの大事な教訓は、バフェットほどの人が学生たち（ひいては私のような投資家）のために時間を割いているのならば、私もビジネススクールで出会う学生たちに心から親切に接し、私のファンドに応募してくれるすべての学生たちを励ますような対応をすべきだと思う。

チャリティー昼食会の席で、パブライがバフェットに、自分がかかわりたい正しい相手をどのように選ぶのかと聞いた。バフェットは、一〇〇人のなかから人を選ぶとしても、一緒に働きたい一〇人と避けたい一〇人はすぐに分かると答えた。そして、残りの八〇人は「不明」に分類するということだった。当時、私はこの洞察にあまり納得がいかなかった。しかし、あとになって、この考えをD・H・ブレアに就職する前に応用すべきだったと気づいた。火が出ているのではと心配するのに十分な煙は上がっており、そのなかには、ニューヨーク・タイムズに掲載された批判的な記事もあった。そこに書いてあったことだけでも、この会社とカリスマリーダーであるモートン・デービス会長を、「不明」ファイルに分類できたはずだ。私は性格的に、何でも偏見なく判断し、疑わしくても善意にとらえたいと思っている。しかし、このときは慎重に判断すべきだった。いずれにしても、このときのバフェットの教えは、一握りの人たちに時間とエネルギーを投資し、残りの人にはかかわらないということだったのである。

このような考えに基づいて、私はよく分からない人たちを自分のネットワークから効率的に外していくことを決めた。これを最初に実行したのは、採用過程だった。以前は、広告を出して送られてきたたくさんの履歴書のすべてを好意的に解釈し、選ぶのが正しい方法だと思っていた。これは、コンサルティング会社や投資銀行のやり方でもある。しかし、よく指摘されているとおり、この方法だと応募者の多くに採用し難い点がある一方で、優秀な学生はすぐに他社に決まってしまう。そして、すぐに決まらなかった人たちは、その欠陥を隠すのがうまくなり、見極めはますます難しくなる。

そこで、私は広告を出すのをやめた。その代わりに、素の状態のときの行動を見る機会がある人のなかから採用することにしたのだ。例えば、ダン・ムーアの場合は、彼が行った株式のリサーチについて問い合わせをしたあと、アナリストとして雇った。彼は、当時務めていた機関投資家の顧客ではなかった私に内容を明かさなかった。彼の模範的な対処は、質の高い倫理観と会社への忠誠心を示していた。このとき見た彼の本質こそ、彼に仕事のオファーをした主な理由である。同様に、運営責任者のオーリー・ヒンディも、コルベの食事会のときに、難しい出会いの場面を優雅に対処したのを見て雇うことにした。彼女はこのとき驚くべき社交術を見せてくれたのだ。実際、求人広告を出さずに、普段のありのままの行動を見て採用した人には非常に満足している。

また、私は謎めいた人や、正体不明な人には近づかないようにしている。私がまだ感受性が強い年ごろだったとき、みんなの目を引く華やかな「友人たち」がいて、彼らは自分たちのことをあまり明かさなかった。オックスフォードを卒業し、私は無邪気にも自称トルコの王子という人物に魅了された。その夏、私たちはロンドンやコートダジュールで遊び回り、たくさんの自称王子や王女と出会った。このときは、自分が高尚な社交サークルに入ったような気がして興奮したし、楽しかった。もちろん、これはただの悪ふざけだったが、上辺だけの華やかさに魅了されるのはあまり良いことではない。

しかし、パブライに出会って、もっと良い方法を知った。彼は、人生は短いのだから正直で自分を隠さない人以外と付き合う暇はないと考えている。最善の戦略は、謎めいたよく分からない人とはかかわらないことだ。彼らを理解しようとするよりも、距離を置けばよい。自らも現実的で、自分を偽ったところがまったくないバフェットとパブライは、隠し立てをしない人としかかかわるつもりはない。それ以外の人たちは「不明」に分類し、遠ざけておくのだ。これはバフェットの机の上にあった「難しすぎる」の箱の人間版と言ってよいだろう。

私が初対面の人と会うときは、たいてい自分に関する情報（例えば、私の略歴と年次報告書など）を書面で用意する。自分がどのような人間なのかをできるだけ分かりやすく示して、正しい印象を与えたいからだ。同様に、私も相手を知るための情報を求めることにしている。そして、もしそこに不可解だったりとらえどころがなかったりする部分があれば、バフェットの「不明」ルールに従って、親しい付き合いはしないことにする。

同様に、私も自分が見たままの人間で、自分や他人を欺くようなタイプではないということを分かってほしいと思っている。外も内も同じ人間でいたいのだ。ビジネスにおいても、それ以外の人生においても、私たちは自分と意識レベルが似た人に引かれるのだと思う。もし私が正直で寛大な人になろうと努力していれば、周りに正直で寛大な人が集まってくる可能性は高くなる。バフェットがあれほど素晴らしい人たちに囲まれているのはそのせいであり、彼らはみんなバフェットの人柄を反映しているのである。

パブライの行動からはもうひとつ、ビジネスにも人生にも応用できる大事な教訓を学んだ。人との付き合いのなかで、けっして相手に何かを求めないことである。彼は、相手の時間を侵害する権利があるとも、そうしたいとも思っていない。彼と知り合ったばかりのころ、私はカリフォルニア州に住む彼に電話をするとき、いつも「忙しくないですか、邪魔をしていませんか」などと謝っていた。すると彼は、「忙しいだって、むしろ暇をもてあましていたよ」などと言ってくれる。もちろんそんなわけはないのだが、これは彼なりに私の電話が最優先だという気持ちにさせてくれていたのだ。彼のほうからも、「暇なら電話してほしい」というメールを何回もらったか分からない。二〇一〇年に二人でオマハにデビー・ボサネックを訪ねたときも、彼は「私たちはスケジュールにかなり余裕があるので……ご都合の良い日程を教えてくださいい」と連絡して予定を決めていた。

もちろんこれは、ごまをするとか、自意識がないとかいうことではない。反対に、パブライには健全なエゴがある。しかし、彼が他人に口出ししたり、人の感情を無視したりしないよう心を砕いている様子を私は何回も見てきた。彼は、自分が必要とされたり、望まれたりしているときだけ、発言するようにしたいと思っている。彼は、相手の負担になったり、義務感を抱かせたりしないよう、細心の注意を払っているのである。

彼のこのような行動は、私の心に深い印象を与えた。明らかに素晴らしい態度だったからだ。あるとき、私のファンドの顧客から持ち分の売却を依頼され、そのことについてパブライと話したことがある。この件について、私の父は最初はその顧客を説得してみたらどうかと言った。しかし、パブライは「説得はしないほうがいい。これは彼らのお金なんだ。もし引き上げたいのならば、何も聞かずに応じるべきだよ」と言った。この顧客との関係は終わりかけていたのかもしれないが、パブライはそれについて責任を感じたり、非難したりするべきではないし、その必要もないということを分からせてくれたのである。

この単純だが確固たる考え方は、私の人生のさまざまな分野に影響を及ぼしている。ひとつだけ例を挙げれば、私は自分のファンドへの出資を友人に――ひいてはだれにも――頼んだことはない。彼らは友人でいてくれるだけで十分だ。彼らにそんな義務はない。

しかし、振り返ってみれば、ファンドマネジャーになったばかりのころは、出資してほしそうに見えていたのかもしれない。当時は、自分自身とファンドを潜在顧客に売り込まなければならないと思い込み、厚かましい態度も賢いビジネスマンや野心的なファンドマネジャーには不可欠だと信じていた。しかし実際には、自分が困っていることを恥ずかしげもなくさらしていただけだった。また、ファンドの売り込みの電話をかけたり、ファンドに興味がない人に、はかない期待を込めたｅメールを大量に送ったりするなど、うんざりするようなことをしていたことにも気づいた。こんなことをすれば、洞察力のある人が私と親しくなりたいと思う可能性は低くなるばかりだ。

私が好きなのは、それとは対照的なイアン・ジェイコブスの逸話だ。彼はコロンビア大学院でＭＢＡ（経営学修士）を修得後、バークシャーに応募し、本部で採用された。ジェイコブスは、バフェットが就職志願書を評価するために使った時間の謝礼として、願書の添え状と一緒に小切手を同封したのだ。これを巧妙な策略と見る人もいるかもしれない。しかし、この小切手（おそらく換金はされていないと思う）によって、彼がバフェットの時間の価値に敬意を表したことは瞬時に伝わったはずだ。この行為は、彼がバフェットの負担になりたくないという強力なシグナルだったのである。

これが賢い行動だったのは、相手が何かを求めているとか、隠れた意図を持っていると感じると人は防御的になるからではない。相手が重要人物の場合、関心を引こうとしたり、自分を売り込もうとしたりすると特に嫌がられるのは、彼らがよくそうされているからだということが私にも分かってきた。少し前に、私はある大手銀行のＣＥＯ（最高経営責任者）と忘れられない昼食をとった。私は会の初めに、会う機会に恵まれて非常に幸せで幸運に思うと心から伝えた。私が何かしら彼の関心を引こうとしているのではなく、ただ二人での会話を楽しみたかっただけだと気づいた彼は、とてもくつろいで見えた。私の経験から言えば、人の価値はその人自身であり、自分の価値のために利用することではない。

パブライはよく、「私は塵灰にすぎません」という聖書の美しい言葉を引用する。彼も私と同様、まだ発達途上にあるが、彼がこれを言うときは、まだそこまでの人間性と自己犠牲のレベルには達していませんが、という若干皮肉なトーンがこもっている。二人とも、聖人を名乗るにはほど遠い。それでも、私は彼がほかの人のために尽くし、自分の要求を優先させない様子を繰り返し見てきた。また、彼を見て自主性や、自尊心や、大志を失わずとも奉仕はできるということを理解した。私がファンドマネジャーになってすぐのころ、私は奉仕するという考えをあざけり、むしろ巧妙に操る人間でありたいと思っていた。しかし、チャリティー昼食会でのバフェットは、世界で最も有名な投資家であるにもかかわらず、ある意味私たちに奉仕していた。

周りの人たちに自分が必要なことをさせようとするのではなく、ほかの人が必要としていることに目を向けるべきだと気づくことができたのは、パブライとバフェットのおかげによるところが大きい。当たり前のことのように聞こえるかもしれないが、これは私にとってものすごく大きな心理的変化で、私の生き方を大きく変えた。

まだニューヨークの渦のなかにいたころ、私はネットワーク作りのイベントにでかけて知らない人と知り合うと、彼らがどんな役に立つのかと考えていた。彼らはたいてい、自分が売りたい製品やサービスについて語るのだが、お決まりのセールストークに私はうんざりしていた。

そのうちに私は別のネットワークづくりの方法を編み出した。私の単純なルールは、知り合いになったら、まず彼らのために何かをするということだ。ほかのだれかを紹介することもあれば、心からほめるだけのこともある。面白いのは、そのときの反応だ。人によって「これはいい。ほかにも何かしてくれるかな」「ほかに何をやらせようか」などと思っているのが分かるときもあれば、何かお返しをしたいと思っている場合もある。このような些細な交流でも、相手が与える側の人か奪う側の人かを測るバロメーターになるのである。

最初のころ私に近づいてきた人は、多くが奪う側の人だった。そして、しばらくそのことについて、途方もなく腹が立ち、なぜ彼らが質の悪い生き方に気づかないのか不思議に思った。しかし、よく観察しているうちに、与える側と奪う側がうまく見極められるようになり、良い人たちを自分の人生に引き入れられるようになっていった。これを読んで、私のことをひどい策略家だとは思わないでほしい。単純に、ほかの人たちを助けたいと思っている人たちで構成されたエコシステムを作りたいだけなのだ。

お互いを助けようとしている人たちに囲まれていると、ここは天国かと思うことがある。例えば、パブライや、ジョン・ミハルジェビックのような人は、宝物のような存在で、常に他人を助け、支え、分かち合おうとしている。彼らとはずっと付き合っていきたいし、近くにいてほしい。もし別の国に住んでいても、会いに行きたい。そして、私もほかの人たちにとって、そのような存在でありたいと思う。

おかしなことに、このような生き方を始めてみると、すべてが前よりも楽しくなった。自分の取り分ばかり考えていたときには感じたことがなかったような、世界と足並みをそろえて生きている感覚を持てるようになったのだ。もちろん、ここで聖人ぶるつもりはない。しかし、ほかの人のために何ができるかを探すことは、圧倒的に前向きな経験であり、今ではさらに奉仕するチャンスを探すようになっている。最近の私の関心は、個人を助けるだけでなく、組織（例えば、オックスフォード・カレッジや、ハーバード・ビジネス・スクール、ワイツマン科学研究所など）を助けることにも向いている。また、ＥＯの支部がイスラエルにないことに最近気づいた私は、それを開設することにした。同様に、チューリッヒのＴＥＤｘも、知人と協力して発足させた。

私は、これらのことを自己満足で書いているわけではない。これについて私よりも優れている人はいくらでもいるからだ。大事なことは、このような生き方を始めたことで、私の人生が計り知れないほど向上したことである。実際、私はこれらの活動によって前向きの感情が湧き上がってくることにますます病みつきになっている。また、素晴らしい人たちや組織とのきずなが深まっていくのもうれしい。奪おうとするよりも与えることで得たもののほうがはるかに多いということは断言できる。パラドックス的だが、無私無欲になることは、実際にはかなり利己的なことなのである。

バフェットとパブライという世界で最も賢い人に入る二人は、明らかにこのことを理解している。投資家としても、ビジネス人としても、バフェットの成し遂げたことは想像を超えている。しかし、彼が残した最も優れた業績は、ビル・アンド・メリンダ・ゲイツ基金を支援している慈善活動かもしれない。これは何百万人もの人に影響を及ぼすことができる事業なのである。同様にパブライも、その多大な才能を富の追及のみに捧げているわけではない。彼のダクシャナ基金は、基金がなければ考えられないような機会を提供することで、すでに数えきれないほどたくさんのインドの子供たちの人生を変えてきた。ちなみに彼はいつも、投資家としてよりもダクシャナの人として記憶されたいと私に語っている。

私を含めたそれ以外の人たちは、バフェットやパブライになろうとするのではなく、彼らから学ぶことを目標にすればよい。大きなことから小さなことまで、私は二人を人生というゲームのグランドマスターだと思っている。バフェットの大事な言葉を、もう一回書いておく。「自分よりも優れた人たちと一緒にいれば、いやでも向上しますよ」

もしあなたの人生の目的がお金持ちになることならば、バリュー投資に勝るものはあまりない。もちろん、最高のプロでさえ昔鳴らした腕が落ちて仕事がなくなったり、人気が落ちたりする時期もある。それでも、バリュー投資は安全で、基本的に健全な投資方法であり、いずれその輝きを取り戻す。根拠なき熱狂は、幾度となく起こっては消えていく。しかし、価値の探求は続いていくのだ。

ただ、バリュー投資は単にお金持ちになるための銘柄選択の戦略ではない。私にとっては、「バリュー投資」という言葉自体にも、グリニッジの大豪邸や、グシュタードのスキー用の別荘や、ピカピカのフェラーリを買えるような何百万ドルものお金をため込むだけではない深い何かがある。ウォーレン・バフェットの生き方が実証しているように、ここで言っているのは、本当に価値のあるものを探究することであり、それはお金よりも、プロとしての出世よりも、社会的な名声よりも意味があることなのである。

私は、これらの贅沢を拒否しているわけでも軽視しているわけでもない。私は自分の卑しさについては少し恥じているが、資本家としての性質についてはそうでもない……だから、今でも多少バツの悪い思いをしながら、ポルシェのオープンカーに乗っている。そのうえ、完璧なカプチーノ作りに夢中になって、六〇〇〇ドルもする精巧なラ・マルゾッコのコーヒーマシンをフィレンツェから取り寄せてしまった。私は、このような贅沢を正当化するために、ジョン・テンプルトン卿――大金を慈善団体に寄付し、ロールスロイスにも乗っていた――に思いをはせる。もちろん、バフェットでさえ自家用ジェットを買ったことがある。彼はこのジェットに、「言い訳できない」という自嘲的な名前を付けた（のちに気が変わって、「絶対に必要」と改名した）。ついでに言えば、チャーリー・マンガーは、贅沢な双胴船「チャンネルキャット号」に何百万ドルもつぎ込んでいる。

これを聞いてやる気になった人にとって、バリュー投資は好き放題ができる素晴らしい方法なのかもしれない。楽しんでほしい。ただ、それはバリュー投資家の外面の姿、つまり、富と物理的な贅沢、いわゆる成功（もっと良い言葉があればよいのだが）を探求することでしかない。大事なのは、お金を追いかけることだけにとらわれるのではなく、形ははっきりしなくても、もっと価値のある何かを探す内面の旅を続けていくことなのである。この内面の旅が、最高の自分になるための道であり、私はそれがただひとつの本当の生き方だと思っている。そのためには、「自分の財産は何のためにあるのか」「何が自分の人生を意味あるものにしてくれるのか」「自分の才能をどう使えばほかの人たちを助けることができるのか」などと自問してみるべきだろう。

バフェットは、投資の仕事を始めて比較的早い時期に、運営していた投資パートナーシップを解散し、株主に資金を返還した。彼は当時から夢中で富を追求していたわけではなかった。彼がタップダンスを踊りながら仕事に向かう理由が、お金のためでないことは明らかだ。同様にマンガーも、ある程度の額を稼いでも（確か一億ドルだったと思う）、まだ富を増やすことに執着している人はどこかがおかしいと語っている。テンプルトン卿も、人生の多くを内面の旅に捧げた。実際、彼が残した最高の遺産のひとつは、彼が設立した慈善基金で、そこでは「人間の目的と究極の現実という大問題」を追求している。このテーマには、複雑さ、進化、無限性、創造性、寛容さ、愛、感謝、自由意志などが含まれている。この基金は、「自分を知れば知るほど何も知らないということが分かる。でも学ぶ情熱だけはある」をモットーとしている。

私の経験では、内面の旅は充実感をもたらすだけでなく、より良い投資家になるためのカギにもなる。しかし、自分の内面の景色（恐れ、不安、欲望、バイアス、おカネに対する姿勢など）が見えていなければ、現実にのみ込まれてしまう可能性が高い。私が仕事を始めたばかりのころがそうだった。自分の欲望と傲慢が、私をD・H・ブレアへと導いたのだ。当時の私は、そこがモラルが腐った環境だとすぐに気づいたにもかかわらず、成功したふりをしたいがために、自分の間違いを認めて会社を辞めることができなかった。そのあとのニューヨークの渦のなかにいた時代も、大きなファンドや素晴らしい家を持っている人をうらやんで再び道を見失った。さらに、自分からファンドを売り込まなければならないと思い込み、本当の自分とは違う人間になろうとしていた。

内面の旅に出るため、私はよりよく自分を知り、自分の欠点をはっきりと認識するようになった。それに気づかなければ、克服することはできない。ただ、このような性質は根深いため、それを回避するための実践的な方法を探す必要があった。例えば、チューリッヒに移住したことで、私の強欲や嫉妬を増幅させるマンハッタンという環境から自分を物理的に引き離した。ニューヨークやロンドンといった大都会は究極の「果ての国」であり、私を不安にするこの場所から離れることが最も安全な方法だと思ったからだ。

ただ、この試みはまだ終わっていない。本書の執筆中にも、妻は家族でロンドンに移り、私の両親や、私の兄弟（そして子供たちの従兄たち）の近くに住むことを検討しているのだ。私はこれを恐れているところもある。ロンドンという極端な富が混乱を来す場所で、私は感情の揺れに対処できるのだろうか。それとも、内面が十分成長したことで、もう不安にはならないのだろうか。ロンドンのなかであっても、私が心静かにいられる平和な環境は作れるのだろうか。例えば、「超高級」エリアの喧騒から離れた静かな郊外ならばどうだろうか。現時点で、その答えは分からない。しかし、これも合理的な投資家でいることを阻む自分の特異性と奮闘しながら進んでいく私の内面の旅の一部なのである。

投資の世界では、知らぬが仏とはいかない。金融市場は、気持ちの弱さをさらせば、そこを無情にも突いてくるからだ。例えば、信用危機に見舞われたとき、私にとって自分のお金に対する複雑な姿勢を理解しておくことは不可欠だった。それが私の判断や、株価暴落の心理的な衝撃に対処するための能力に影響を及ぼすからだ。投資の技術的なツール（例えば、財務諸表の読み方）を頭で理解し、割安の会社を見つけるのは簡単だ。しかし、恐怖にさいなまれてそれが合理的なはずの大脳新皮質を圧倒してしまえば、そのスキルは何の役にも立たないのである。

また、人のせいにしないで、自分で責任をとるということも極めて重要だ。相場が底を打ったときに解約した移り気な投資家を批判するのではなく、マーケットが下げ続けてファンドを解散せざるを得なくなったら、それは私にとってどういうことなのかを注意深く考えるほうがはるかに建設的だ。なぜ、それは耐えられないほど辛いことなのだろうか。

マーケットの崩壊が私の内面に与えた影響は、パブライのそれとは大きく違っていた。彼は、自分のポートフォリオ内の株価が暴落しても、まったく影響を受けていないように見えた。彼曰く、若いときに父親のビジネスの浮き沈みをずっと見てきたからだという。パブライの父親は、破産の危機に何度も瀕し、実際にそうなったこともあるようだ。しかし、そのような混乱のさなかでも、彼の家族との交流は驚くほど穏やかだった。そのため、パブライは金融難に陥っても、私と比べて悲惨な気持ちになることははるかに少ない。彼は、この気持ちの強さによって、ほかの投資家が事務所の隅でおびえているときでも、底値の株を買い続けることができるのである。

私のお金に対する姿勢は、ヨーロッパのユダヤ人の痛ましい歴史に深く影響されている。私の曽祖父母は、ドイツの裕福な実業家で、ベルリン郊外に大きな帽子工場を所有していた。しかし、ナチスによって資産を没収され、特権階級の生活を奪われた。家族はイスラエル（当時のパレスチナ）に逃れ、失ったものを再構築し始めた。ドイツで弁護士をしていた祖父は、イスラエルで養鶏場を始めたが、うまくいかなかった。私は子供のころ、まだ建国したばかりのイスラエルで、食糧難や若者が国を守るために出征する話を聞いて育った。私の父は、祖父の養鶏場で育ち、人生のほとんどをサラリーマンとして過ごした。そのあと、収入を増やすために事業を立ち上げ、そこで得た資金を私が運用している。これまでに、私は家族の資産を五倍に増やした。しかし、今でも私の心の奥底には、自分ではどうにもできないことですべてを失うのではないかという恐れがくすぶっている。

なぜ、そんなことが重要なのだろうか。それは、この家族の物語が、わずかにだが強力に私のビジネスや投資への取り組み方全体を形作っているからなのである。例えば、私はけっして借金をしないし、投資先は慎重で保守的な会社ばかりだ。私にとって、家族とお金の物語は、ある意味ヒトラーによって被った損害を修復することなのである。私が家族のお金（ほとんどが私のファンドに投資されている）に多大な責任を負っている感覚があるのは、七〇年以上前に損なわれた資産を回復し、この不安な世界で家族に永続的な安心を与えたいからでもある。私はこの仕事が好きだが、これは私にとって真剣勝負なのである。よく知られているように、お金は脳のなかでは生き残ることと深く結びついており、感情的な問題が合理的な脳の邪魔をする可能性がある。一方、パブライがもっと不安定でボラティリティが高いときでも株を買うことができるのは、損失の可能性があるときでも、彼の脳が私の脳に組み込まれているような恐怖の感情を引き起こさないからなのである。

自分とお金の複雑な関係が大参事を引き起こしかねないことを考えれば、真剣な投資家はその関係をよく理解しておく必要がある。そして、それを分かったうえで調整をしていけばよい。例えば、物理的な環境を変えたり、チェックリストに特定の項目を加えたりするのだ。ただ、どれほど頭の良い人でも、脳の回路を完全に変えてしまうことはできないとも思っている。少なくとも私はできていない。かつて私は金銭的な損害を恐れる気持ちは克服できると思っていたため、ハイリスク・ハイリターンの投資もしていた。しかし、そういう気持ちも自分の一部なのだということを、少しずつ受け入れるようになっていった。バフェットやパブライが、お金に対して明瞭な判断を下すことができるような内面の景色を持っているのは間違いない。しかし、彼らになろうと切望するだけで一生を終わるわけにはいかない。私は、自分の特性を理解し、その自己認識に基づいて、感情的に対処できる投資をしていきたいと思っている。

最後に、私が金融危機を乗り切ることができたのは、損失の恐怖に向き合い、それに対処する方法を見つけたからだと思っている。もし私が自分の内面にある恐怖を理解していなければ、ディスカバー・ファイナンシャル・サービスのような株が八〇％も下落したときパニックに陥っていただろう。しかし、私はじっと我慢して株価が回復するのを待った。自分を深く知ったことで、最高のリターンを求めて気をもむこともなくなった。自分の限られた力でも、長期的にマーケット指標を上回る妥当なリターンを目指せばよいのだと思えるようになったからだ。同様に、私はこれまでファンドの資金のかなりの金額をバークシャー・ハサウェイに投資してきた。バークシャーの巨大な規模を考えれば、ほかに投資したほうがもっと高いリターンを得られるのかもしれない。それでも、私のポートフォリオにおいてバークシャーの存在は、金銭的にも心理的にも、バラストの役割を果たしている。私のエコシステムにとってバフェットの存在は、重要な意味を持っている。これは合理的と言えるのだろうか。私にとってはイエスだ。パブライにとっては、もしかしたら違うかもしれない。

この内面の旅の重要性が分かったところで、実際にはどうすればよいのだろうか。個人的には、内面の成長を速めるためにさまざまなツールを使い、それらはすべて私の人生のさまざまな段階で役に立った（もしくは興味を引いた）。心を閉ざしていた子供時代には思いもよらなかったが、心理療法もかなり受けた。一部を紹介すると、ユング派の心理療法は週に一回、七年間通ったし、感情焦点化療法や、認知行動療法、ＮＬＰ（神経言語プログラミング）、ＥＭＤＲ（眼球運動による脱感作および再処理法）なども試した。そして、人間には無限のタイプがあり、内面の旅を助ける心理療法もいくらでもあるということが分かった。

さらに私は、ユダヤ教の宗教指導者や、それ以外の精神的な師の下でも学んだ。師のひとりは友人のアイザック・サスーンで、彼は『デスティネーション・トーラー――リフレクション・オン・ザ・ウィークリー・トーラー・リーディングス』（Destination Torah：Reflections on the Weekly Torah Readings）の著者でもある。また、仕事のコーチングも定期的に受けた。哲学も勉強し、『考える力をつける哲学の本――人生の問題解決力を高める！』（三笠書房）の著者で、「哲学カウンセラー」でもあるルー・マリノフとも友人になった。自己啓発本も何冊読んだか分からない。瞑想は性格的にあまり向いていなかったが、何か学ぶことがあると思えば、ほぼ何でも試してみようとは思っている。

内面を成長させるもうひとつの素晴らしいツールは、逆境での経験である。実際、これこそまず試してほしい。もし自分の間違いや失敗の責任が自分にあることを認めれば、それによって自分を知り、どのように向上すればよいのかを学ぶための、お金では買えないチャンスとなる。例えば、D・H・ブレアに就職するという間違いを犯したことで、私は自分の強欲さに向き合い、「外なるスコアカード」で自分を評価するのをやめることができた。逆境は、何にも勝る師かもしれない。ただ、自分の間違いを乗り越え、そこから学ぶのは、長くて辛い道のりでもある。

私にとって、内面の旅への最高の踏み切り板は、ナポレオン・ヒルが「マスターマインド」

と呼ぶグループに参加することだった。ハーバード・ビジネス・スクールでは、これをスタディーグループと呼んでおり、ＹＰＯでは「フォーラム」と呼んでいる。名前は何でもよい。この結束の強い八～一〇人程度のグループでは、仕事仲間に関する悩みを打ち明けると、グループのだれかがガイド役になって話し合いが進んでいく。仕事仲間に関する悩みを相談したときのことは、今でもよく覚えている。彼女は大事な仕事仲間で、大学時代からの友人でもあった。私が二〇分かけて状況を説明したあと、メンバー全員が質問をして問題が詳細に分かったところで検証が始まった。そのときの私は怒りで胸が締め付けられていた。私は、その友人が私を利用して公正を欠く間違ったことをしていると確信していた。しかし、グループの話し合いが進むにつれて、私の行動も褒められたものではなかったことが明らかになり、後ろめたさと恥ずかしさがこみあげてきた。

それから、メンバーがひとりずつ友人や親族とのビジネス関係で失敗した経験談を話してくれた。私が最初に感じたのは、このような間違いを犯したのが自分だけではなかったことに対する強烈な安堵感だった。次に、友人も私も、私が思っていたほどひどい行動はとっていなかったことが分かった。ただ、そのことと同じくらい大事なことは、この話し合いにおけるグループのルールに従って、だれも批判や明確なアドバイスをしなかったことである。それでも、話し合いが終わったとき、後ろめたさと怒りに振り回されている感覚はもうなくなっていた。それに、みんなの体験談は、状況を改善するためにとれる行動例を十分与えてくれた。今の私は、無力感ではなく、さまざまな選択肢を持っている。結局、私はこのときの問題を前向きに解決することができた。元同僚は今でも親しい友人であり、私のファンドの投資家でもある。

マスターマインド・グループの効力が分かってもらえただろうか。これは、YPOやEOがお膳立てしてくれたものでもよいし、信頼できる少数の友人でもよい（例えば、パブライと私が結成したラティスワーク・クラブのメンバーなど）。このグループは、年に二回、八人で三日間引きこもって、そのときの関心事を話し合う。私にとっては、これらの集まりが内面の成長を最も加速させるツールだと思っている。

実を言うと、内面の旅をどのように行うかはあまり重要ではない。大事なのは、それをすることなのだ。どのような道を選んだとしても、目指すべきは自分をよりよく知り、自分の仮面を外し、内面の声に耳を傾けることなのである。投資家にとって、そのメリットは計り知れない。この自己認識が内面を強くし、避けることができない逆境に対処するための、より良い備えとなってくれるからである。株式市場は、私たちを見つけだし、その弱さ（傲慢、嫉妬、恐れ、怒り、自己不信、欲、不誠実さ、社会認知の要求など多岐にわたる）を露呈させる不思議な力を持っている。そのなかで、継続的に成功を収めていくためには、それが何であれ、自分の弱さを直視する必要がある。そうしなければ、もろい土台の上で成功したとしても、いずれ崩れ落ちてしまうことになりかねないからだ。

とはいえ、内面の改革の本当の報酬は、投資の成功が持続することだけではない。最高の自分になれるという恩恵がついてくるのだ。それこそが、究極のご褒美に違いない。

謝辞

もし途方もなく親切な人がいたら、書面で感謝するのが最も良いのかもしれない。それはその人に手紙を出すのでもよいし、その親切を紹介する物語を書くのでもよい。その意味で、本書は私の人生における四人の素晴らしい先生、父のサイモン・スピア、ウォーレン・バフェット、チャーリー・マンガー、そしてモニッシュ・パブライに宛てた長い感謝の手紙でもある。私にとって、あなた方四人は、かれることのない知恵の泉であるだけでなく、どう行動すべきかを示唆してくれる素晴らしい実例でもある。

また、本書が完成したのは、次の人たちのおかげでもある。ありがとう。

ウィリアム・グリーン

簡単に済むと思った最終原稿の編集作業は、大量の改訂と各章の書き直しを記録的な速さで断行するという大作業になった。どんなことをしてでも文章をできるかぎり最高の状態にしようとする君の献身的な仕事ぶりによって、本書は私の想像をはるかに超えるものになった。

私の文章は堂々巡りになる傾向があり、時にはそれが大きな渦になることもある。ところが君は、文章と段落を美しく配置し、楽しい読み物に変えることができる。君の構成力は各章に発揮され、導入部・中間部・結末に加えて、読者が読んでよかったと思う工夫まで見られる。

そして何よりも、本の内容と私に関する豊富な知識によって、核心を突く質問をしてくれた。私の中途半端な思考をまとめあげ、どう表現すればよいか分からなかったアイデアを形にする助けをしてくれた。また、君がいつも私が言いたいことを瞬時に感じ取り、それを言葉にする能力にも感銘を受けた。

今回の経験で、書くことの達人から直接学ぶという恩恵を受けた私は、素晴らしい書き手や編集者の仕事に対して新たな理解と尊敬を持つようになった。チューリッヒ、クロスタース、グリニッジ、シャベイ・ツィオン、そしてニューヨークでの猛烈な数カ月間、君の才能を私と私の本に向けてくれたことに深く感謝している。

しかし、共同作業の最高の報酬は、君との深い友情だ。君の素晴らしいユーモアのセンスを発見し、大いに楽しんだし（スペルミスを繰り返す私をからかうときなど）、君に教わったカバラーは、宇宙の普遍的な知恵に通じる新たな門を開いてくれた。

また、君の妻のローレンや、子供たち、ヘンリーとマデレーンにも感謝している。お父さんの時間を私に分けてくれたことに感謝している。君たちにとっては一時的な損失だったかもしれないが、それによって私と読者は永遠の利益を得ることができた。

ジェッサ・ギャンブル

君がいなければ、書くことを恐れていた私が本書の執筆を始めることはなかっただろう。TEDグローバルで初めて君に出会ったとき、君が私の伝えたいことを信じ、私よりも早く本書に思いをはせてくれていることが分かった。知り合ったばかりのころの会話やインタビューを通じて、君だけが本書のアイデアを持ち続けてくれた。書籍業者のウィリアム・クラークの貴重な関心を引いてくれたのも君だ。そして、私がまだ恐怖に震えていたときに、君の素晴らしい提案によって、本書はパルグレーブ・マクミランとローリー・ハーティングに委ねられることになった。

いざ執筆を始めても、問題は数えきれないほどあったが、君が常に静かに励ましてくれたおかげで、書き続けることができた。早朝の執筆会議では、君の静かな存在が、恐れに向き合ってペンを握る勇気を与えてくれた。そして何よりも、プロジェクトにさまざまな変更があるなかでも変わらない君の友情と、私と本書に対する誠実さに感謝している。

そして、君の息子のオリバーには、チューリッヒを訪れてくれたときに、君をしばらく貸してくれたことに感謝している。

ローリー・ハーティング

最初はあなたが怖かった。なぜ、私というリスクをとってくれたのかまったく分からなかったからだ。はっきり言おう。私の最初の原稿は、かなり混乱していた。しかし、少しずつ書くことに慣れ、自分が何をしようとしているかが見えてくると、あなたがいかに素晴らしい協力者で、擁護者で、友人かが分かった。私をおだてて最高の私を引き出したあなたの技量がいかに優れていたかが、今ではよく分かる。

ジェナ・ピンコットとピーター・ホーネック

君たちの友情と、心遣いと、本書の最初の種をまいてくれたことに感謝している。この種は、最初は不毛の地に落ちたが、のちに水を得て発芽した。君たちは、閑散期のころから私を助け、励ましてくれた。君たちがいなければ、この本の書名は決まらなかったかもしれない。

同僚たち

本書の執筆は、アクアマリンのファンドマネジャーの仕事と並行して行っていた。キース・スミスと、リンダ・ブラントと、オーリー・ヒンディには、執筆の時間を捻出したり体制を整えたりしてくれたことに大いに感謝している。君たちは、本のことでも、それ以外のさまざまなことでも、私の生活を管理してくれている。

また、かつてアクアマリンで働いていたマリヤ・スクリャー、ダン・ムーア、ジェニファー・デービス、アマンダ・プーリンガー、デビッド・ケスラー、オリ・イヤール、ジュリー・ショッテンスタイン、サヒル・グジラル、マーク・スクアップ、プシカ・ベデカー、アビシュック・

ライ、サラ・ステフェンソン、オリバー・スエス、メン・テン、そして、リナ・エンドーにも感謝している。

制作会社

本書の執筆が進むにつれ、制作側の素晴らしい才能の持ち主が集まってきた。これまで挙げた人たち以外にも、素晴らしいエージェントのウィリアム・クラークには大いに感謝している。また、ミッシェル・フィッツジェラルド、ローレン・ロピント、ヘザー・フローレンス、アラン・ブラッドショーを始めとするパルグレーブ・マクミランのチームのみんなもありがとう。君たちのアイデアと熱意がなければ、本書は単なる企画で終わり、キャビネットの奥でひからびていただろう。また、広報のマーク・フォーティエ、エド・ビクター・リテラリー・エージェンシーのチャーリー・キャンベル、美しい装丁をデザインしてくれたセシリア・ウォン、原稿の事実確認をしてくれたジェリーサ・カストロデールにも感謝を伝えたい。

出版社

本書の出版にさまざまな形で手を貸してくれたデビー・イングランダー、ジェニー・ホブスとジェーンアン・ホブス、マイルズ・トンプソン、マギー・スタッキー、そのほかの出版界の友人たちにも感謝している。

執筆場所

妻のローリーと私は、早い段階からとにかくどんな場所でも書くしかないことに気づいていた。そのため、本書はさまざまな場所で執筆されている。エバーハード・フォン・コーバーとアイリス・シェッドラー、チューリッヒの私の事務所は私にとってのオアシスだった。ジョイスとルネ、あなたたちが清潔に保っているビラ・フィレンツェもオアシスだった。フロー・ソリアーノ、チューリッヒとクロスタースで私と家族の世話をし、私たちの家を温かい環境に整えてくれてありがとう。また、それ以外の場所の親切なもてなしにも感謝している。主な場所を挙げておく。ビア・クアドローノ、リストランテ・サン・アンブロース、スタンプタウン・コーヒー・ロースタース、トゥモル・シルショム、インテリジェンシア、リゾーリ、ラ・スタンツァ、ニューヨーク・ソサエティ図書館、ロンドン図書館、チューリッヒ中央図書館、ブレーズノーズ大学、ユニクリニック・バルグリスト、ワイデナー図書館、デラマー・グリニッジ・ハーバー・ホテル、ホテル・パーデン・ピサ・ブイン、シュルテス・クリニック、チェサ・グリシュナ、ザ・マミラ・ホテル、ザ・ウェスティン・リゾート・コスタ・ナバリーノ、フェス・パーカー・ワイン・カントリー・イン・アンド・スパ、ザ・グラスホッパー・クラブ、ホテル・アーバイン、バカラ・リゾート・アンド・スパ、ザ・ラケット・アンド・テニス・クラブ・オブ・ニューヨーク、ラ・パレストラ、ザ・フィリップス・クラブ、ザ・クイーンズクラブ、ザ・

タキシード・クラブ、パラグラフ。

先生たち

本書の執筆を助けてくれたウィリアム・グリーンが、ヘンリー・ジェイムズの美しい言葉を教えてくれた――人生は「すべてを含み混乱している」が、芸術は「すべてを厳選し区別している」。私がバリュー投資家になるために学んだことを伝えるにあたって、すべてを含めることはできないので、必然的にたくさんの選択を行った。そのため、私が出会ったたくさんの素晴らしい先生たちについて十分ふれることができなかった。私の学びを助けてくれた人たちに感謝を捧げたい。

私は、たくさんのたぐいまれな先生や教育者の恩恵を受けてきた。このなかには、次の人たちが含まれている。私に経済学と政治学を教えてくれたピーター・シンクレア、バーノン・ボグダノール、トニー・クラキス。法律学を教えてくれたメアリー・ストークス、ジョン・デービス、ヒュー・コリンズ、ピーター・バークス、バーナード・ルーデン。ロンドン市フリーメンズ・スクールで教鞭をとっていたダイアナ・ヒューズ、チャールズ・スチュワート、ほかの先生方。ハーバード・ビジネス・スクールで教わったリチャード・ノーラン、ディック・プービュ、ラーウィ・アブデラル、クレイトン・クリステンセン、ボリス・グロイスバーグ、レン・シュレジンガー、ジャン・ハモンド、デビッド・ジョフ、アマー・ビーデ、ビル・サルマン、レイ・ゴールドバーグをはじめとするたくさんの素晴らしい先生方。

仕事を始めてからも、素晴らしい先生や協力者に恵まれた。ジョン・ミハルジェビック、チューリッヒに移住を決めてくれてありがとう。君の友情とスカッシュの対戦を大いに楽しんでいる。ケン・シュービン・スタイン、君と話し合いを重ねることで、投資への理解が深まり、人生においてバフェット－パブライ式を導入する方法が分かった。ブライアン・ローレンス、リチャード・バーギン、ジェーン・ブッチャン、マーティン・カルダーバンク、君たちはビジネススクールが貴重な経験だということを示してくれた。ニック・スリープとカイス・ザカリア、出来の悪い私にすばらしく寛大でいてくれた。そのほかに、次の同僚、先生、友人からも大いに学ばせてもらった。ジョナサン・ブラント、チッチオ・アゾリーニ、ゲーリー・アレキサンダー、デビッド・キャメロン、クリス・ホーン、ロイド・カーナー、ギリッシュ・バクー、アレン・ベネーロ、ジョッシュ・タラソフ、カーリー・カニフ、シャイ・ダーダシティ、ジェフリー・ハム、ビル・アックマン、ボリス・シーリン、トム・ゲイナー、アンディー・キルパトリック、アミタブ・シンギ、フランツ・ハインセン、スティーブ・ウォールマン、アリス・シュローダー、アイタン・ワートハイマー、ロナルド・マタロン、トム・ルッソ、ジェンス・ハインマン、ビタリー・カツェネルソン、テリー・プロックマンとアン・プロックマン、ジョアンナ・サミュエルズ、ノーマン・レントロップ、ウイットニー・ティルソン、レイチェル・ガートナー、ジャック・スキーン、ブルース・ハレブ、ダニエル・エーゲーター、ベンジー・

シュメルツ、アイザック・サスーン、アクシャイ・ジェイン、パスケル・マノッチア、ダイアナ・ウェイス、グレッグ・ピータース、ピーター・ベベリン、ミゲル・バーボサ、ヤコブ・ハンナ、メグ・マンセタ、ジェフ・グラント、サレン・エクストローム、モー・ファテルバブ、ロニ・ウィットキン、ケン・タイラー、シャジーブ・パサド、ジリアン・ワード、マイケル・サントン、デビー・ボサネック、サトヤブラータ・ダム、ネッド・ハロウェル、クロード・チェントブ、マイケル・シルバーマン、ヤコブ・ウォリンスキー、バーン・ハーニッシュ、ジョノ・ルビンスタイン、ジョルジュ・シェボスク、アジェイ・デサイ、スーザン・トロス、ナターシャ・プレム、メアリー・ソラント、そしてアレックス・ルバルカバ。

TEDカンファレンス

エジンバラにあるTEDグローバル・カンファレンスのブルーノ・ギサーニにも感謝している。私は彼を通じてジェッサ・ギャンブルに出会い、彼女がいなければ本書を執筆することはなかった。私が初めてTEDに参加したのはインドのマイソールを訪れた五年前のことだった。このときクリス・アンダーソンの「ウェブ上の動画が後押しする世界のイノベーション」というスピーチを聞いてTEDの虜になった私は、それ以降、何度も参加している。TEDは、私が心を開き、楽しく、見識ある人（できればそうありたい）になるための大きな力になってくれた。私の人生にかかわってくれた次のTED関係者にも感謝している。クリス・アンダーソン、リ・ルー、ヒューゴ・ショットマン、ジェーン・コーエン、ジェイソン・ウィッシュナウ、トム・ウジェック、エリック・ブレニンクメイエル、リサ・ストリングル、ジェーン・ウルフ、マヤ・エルハラル・レバビ、ジャネット・エシェルマン、キャサリン・シュルツ、アビゲイル・テネンバウム、クラウディア・マルセローニ、ロバート・グプタ、キャサリン・マッカートニー、リオール・ゾレフ、マイケル・ウェイツ、そしてアレックス・ナイト。また、TEDを通じてチューリッヒ・マインズのロルフ・ドベーリと友人になり、それも私の人生を変える大きな力になった。

パートナー、友人、フォーラムの仲間

素晴らしい友人たちやフォーラムの仲間からも、投資やビジネスや人生について数えきれないほどの教えを受けた。ティム・モナハン、ジェスパー・ハート・ハンセン、ジョン・メカルト、エティエン・ザッケンフェルス、デビッド・アイゲン、ステファン・ローゼン、ドリュー・ピッゾ、レン・カッツ、マレク・リス、ジム・トーミー、トニー・コレット、ブライアン・デビッド、ジェイ・リー、レイ・カーライル、マーク・ストッククリ、ビト・クリッティ、エイドリアン・ローチャー、パロ・スタチョ、マーク・オマリー、クリスチャン・ウェイ、フィリップ・ライフフェル、ヨッフェン・ワーツ、ニコラス・プラコピタス、ジェニファー・ボス、フランシスコ・ネグリン、ジェレミー・ラック、マット・ウェイス、アンドリュー・ウィークス、

スペンサー・ヤング、ギルス・ボナート、サラ・マーシャル、ロイ・エンゲル、アンドレアス・シュウェイツァー、ダニエル・シュワルツ、グラント・シュライバー、フォン・グエン、ベイラ・ジフ・グスト、クリス・デトウェイラー、マイケル・バー、マーク・ピンカス、モーリス・オストロ、ホセイン・アミニ、ロジャー・グリックマン、フランツ・ハインセン、ケイト・サウスゲート、ヨッフェン・ワームス、ハロルド・ティットマン、ペリー・ブリトン、ムナ・アブスレイマン、ナイフ・アルムタワ、ゾファ・メンシェス、パトリック・クエステンバート、ティム・ベアドソン、アトゥーロ・ザパタ、フランソワ・ガッツウィラー、リチャード・ハリス、アーサー・ミカエリヤン、アンダース・ビデ、フレッド・ウテングス、ウィリアム・オチー、シーラ・カプラン、キャレン・ビリモリア、ルーク・ベンフィールド、チャールズ・ヒップス、ボブ・ロウェリー、フランク・リヒター、ダナ・ハミルトン、ラファエロ・ダンドレア、ノーミー・デルファシー、アニル・クマー、ジーン・ブラウン、イルディス・ブラックストーン、アハル・ベソライ、アンディー・ベンダー、デビッド・レティグ、アーミン・ストラックマイヤー、デビッド・ソーメン、アンドリュー・ウィークス、サイモン・エクラベッツ、アダム・アイズマン、アーサー・フィッシュ、チャールズ・ダウバー、フランチェスカ・ミュラーティベリーニ、グレン・トング、エードリアン・ビア、シャイ・ミサン、ドミニク・バートン、アンディー・ベンダー、ルー・マリノフ、マーティン・シーガー、フィル・ホルトハウス、ニック・スルスビー、エバリン・カーン、ショーン・ゴービー、サラ・マニー、ジョン・シュワルツ、エアル・ローネン、フィリップ・オクトマンとハーバート・オクトマン、ジム・ホウキンズ、ムハンムド・ハビブ、ピーター・ウィルソン、シェリー・クトゥ、アンドリュー・フェルドマン、ステファニー・ゴフ、アラン・ハッセンフィールド、ソニー・モルデチャイ、クリスチャン・ストルツ、クリスティアナ・アナゴスタラ、ダン・サックス、ジェフリー・ハム、スティーブン・ローズマン、チュン・モングー、ジェームス・クラリック、ヨン・ピン・デゥアン、イオン・ヤディガログル、ジェフ・ピンター、そしてダンテ・アルバティーニ。さまざまな組織やフォーラム、その他のマスターマインド・グループも、私に深い影響を及ぼした。YPO、EO、ペーサーズ・トーストマスターズのチューリッヒバーグ支部とニューヨーク支部、ボス、フラーニ、アララット、フォークス・フォーラム、ラティスワーク・クラブ、そしてバリューエックス。

親族

さまざまな国に住んできた私の深いルーツは、世界中（メキシコ、アメリカ西部、イスラエル、オーストラリア東部、ロンドン、ミュンヘン、チューリッヒ中心部など）に散らばる親族にある。サスキア・ペトラ、ジョッシュ、ラモン、グロリア、ジュールス、ジュディー、ヨカナン、バーダ、ミリアム、アモス、イド、ゾーハー、ボーズ、マイケル、シャイ、ハガイ、オリ、ブリジッド、ハービー、ジョー、クレア、ヒューバータス、ラファエル、ローズマリー、クラウス、ピーター、ギャビー、ジョージ、フランク、リタ、ドロシー、セルマー、マレーン、ポール、エリカ、アンドレア、ラケル、そのほかのすべての従兄たち、君たちはその多様性で私と家族を祝福してくれた。

家族

父サイモンは私を信じてくれた。母マリリンは共感することを教えてくれた。姉のタニアは、小さいころはまず自分が試してくれた。それを見て学んだ私は、人生がずっと楽になり、その後の困難に対処することができた。

私の子供たち、サラ、アイザック、そしてイバ、父になることはそれ自体が教育であり、君たちがすでにさまざまなことを知っていることや、私のほうが教わることが多いことに、いつも驚いている。君たちの知識が増えていくことと、さまざまな分野に関心を持っていること(ギリシャ神話からスター・ウォーズ、ハリーポッター、バレンスタインベアーズまで)、そして、急成長するスポーツや音楽の才能を見守ることは私の喜びとなっている。また、君たちがスペイン語、英語、ドイツ語、フランス語、ヘブライ語を難なく駆使していることにも驚嘆している。君たちひとりひとりのおかげで、私は共感、遊び心、忍耐、意欲などの質について、ほかのどの大人からよりも多くを学んだ。私の究極の先生でいてくれてありがとう。

そして最後に、妻のローリー、本書執筆のために、すべての時間と愛と精神的な支援を与えてくれたことや、私自身や私の気まぐれやイライラに付き合ってくれたことに、心の底からの感謝を捧げる。たくさんの感謝と愛をこめて。

二〇一四年　チューリッヒにて

ガイ・スピナー

デール・カーネギー著『人を動かす』（創元社）
クレイトン・M・クリステンセンとジェームズ・アルワースとカレン・ディロン著『イノベーション・オブ・ライフ ―― ハーバード・ビジネススクールを巣立つ君たちへ』（翔泳社）
Keeping the Love You Find: A Personal Guide by Harville Hendrix
ウエイン・W・ダイアー著『「いいこと」が次々起こる心の魔法』（知的生きかた文庫）
Success: Advice for Achieving Your Goals from Remarkably Accomplished People by Jena Pincott
ロバート・A・エモンズ著『Gの法則 ―― 感謝できる人は幸せになれる』（サンマーク出版）
ピーター・B・カイン著『君はやり手だ！』（幻冬舎）
ダン・サリヴァンとキャサリン・ノムラ著『大きな幸福をもたらす小さな習慣』（主婦の友社）
ノーマン・ヴィンセント・ピール著『【新訳】積極的考え方の力』（ダイヤモンド社）
The Power of Vulnerability: Teachings on Authenticity, Connection, and Courage by Brené Brown
M・スコット・ペック著『愛と心理療法』（創元社）
ナポレオン・ヒル著『思考は現実化する』（きこ書房）
Thrift and Generosity: The Joy of Giving by John Templeton Jr.

The Art of Thinking Clearly by Rolf Dobelli
The Developing Mind: How Relationships and the Brain Interact to Shape Who We Are by Daniel Siegel
アントニオ・R・ダマシオ著『無意識の脳　自己意識の脳』（講談社）
ロバート・グリーン著『権力（パワー）に翻弄されないための48の法則』（角川文庫）
The Neuroscience of Psychotherapy: Healing the Social Brain by Louis Cozolino
There Are No Accidents: Synchronicity and the Stories of Our Lives by Robert Hopcke
ダニエル・カーネマン著『ファスト＆スロー――あなたの意思はどのように決まるか？』（ハヤカワ・ノンフィクション文庫）
Waking the Tiger: Healing Trauma by Peter Levine with Ann Frederick
ロイ・バウマイスターとジョン・ティアニー著『WILLPOWER　意志力の科学』（インターシフト）

科学

スチュアート・カウフマン著『自己組織化と進化の論理――宇宙を貫く複雑系の法則』（ちくま学芸文庫）
ニコラス・A・クリスタキスとジェイムズ・H・ファウラー著『つながり――社会的ネットワークの驚くべき力』（講談社）
Deep Simplicity: Bringing Order to Chaos and Complexity by John Gribbin
スティーブン・ジョンソン著『創発――蟻・脳・都市・ソフトウェアの自己組織化ネットワーク』（ソフトバンククリエイティブ）
How Nature Works: The Science of Self-Organized Criticality by Per Bak
バート・ヘルドブラーとエドワード・O・ウィルソン著『蟻の自然誌』（朝日新聞社）
アルバート・ラズロ・バラバシ著『新ネットワーク思考――世界のしくみを読み解く』（NHK出版）
V・S・ラマチャンドランとサンドラ・ブレイクスリー著『脳のなかの幽霊』（角川文庫）
Signs of Life: How Complexity Pervades Biology by Ricard Solé and Brian Goodwin
ジョセフ・ルドゥー著『シナプスが人格をつくる――脳細胞から自己の総体へ』（みすず書房）

自己啓発

エルバート・ハバード著『ガルシアへの手紙』（総合法令出版）
A Simple Act of Gratitude: How Learning to Say Thank You Changed My Life by John Kralik
ラッセル・H・コンウェル著**『富と幸福の探し方』**（パンローリング）
ジェームズ・アレン著『「原因」と「結果」の法則』（サンマーク出版）
ブレネー・ブラウン著『本当の勇気は「弱さ」を認めること』（サンマーク出版）
ユージン・T・ジェンドリン著『フォーカシング』（福村出版）
Getting the Love You Want: A Guide for Couples by Harville Hendrix
デビッド・アレン著『仕事を成し遂げる技術――ストレスなく生産性を発揮する方法』（はまの出版）

哲学と神学

ジョン・ロールズ著『正義論』(紀伊國屋書店)
ロバート・ノージック著『アナーキー・国家・ユートピア』(木鐸社)
Destination Torah: Reflections on the Weekly Torah Readings by Isaac Sassoon
Halakhic Man by Joseph Soloveitchik
Letters from a Stoic by Lucius Annaeus Seneca
ヴィクトール・E・フランクル著『夜と霧』(みすず書房)
マルクス・アウレリウス著『自省録』
Pirke Avot: A Modern Commentary on Jewish Ethics by Leonard Kravits and Kerry Olitzky
Plato, not Prozac! Applying Eternal Wisdom to Everyday Problems by Lou Marinoff
『老子』
『孫子』
アラン・ド・ボトン著『哲学のなぐさめ――6人の哲学者があなたの悩みを救う』(集英社)
『マハーバーラタ』
The Power Tactics of Jesus Christ and Other Essays by Jay Haley
『タルムード』

心理学

Affect Dysregulation and Disorders of the Self by Allan Schore
Affect Regulation and the Repair of the Self by Allan Schore
Attachment and Loss by John Bowlby
Deep Survival: Who Lives, Who Dies, and Why; True Stories of Miraculous Endurance and Sudden Death by Laurence Gonzales
アントニオ・R・ダマシオ著『デカルトの誤り――情動、理性、人間の脳』(ちくま学芸文庫)
エドワード・M・ハロウェルとジョン・J・レイティー著『へんてこな贈り物――誤解されやすいあなたに　注意欠陥・多動性障害とのつきあい方』(インターメディカル)
フランシーン・シャピロ著『トラウマからの解放:EMDR』(二瓶社)
ミハイ・チクセントミハイ著『フロー体験――喜びの現象学』(世界思想社)
ゲルト・ギーゲレンツァー著『なぜ直感のほうが上手くいくのか?――「無意識の知性」が決めている』(インターシフト)
ロバート・B・チャルディーニ著『影響力の正体――説得のカラクリを心理学があばく』(SBクリエイティブ)
バーニー・シーゲル著『奇跡的治癒とはなにか――外科医が学んだ生還者たちの難病克服の秘訣』(日本教文社)
デヴィッド・R・ホーキンズ著『パワーか、フォースか――人間のレベルを測る科学』(三五館)
Simple Heuristics That Make Us Smart by Gerd Gigerenzer and Peter Todd
The Archaeology of Mind: Neuroevolutionary Origins of Human Emotions by Jaak Panksepp and Lucy Biven

モニッシュ・パブライ著『**ダンドー —— 低リスク・高リターンのインド式テクニック**』(パンローリング)
ジョン・ミハルジェビック著『**バリュー投資アイデアマニュアル —— 得意分野を見極めるための戦略の宝庫**』(パンローリング)
ベノワ・B・マンデルブロとリチャード・L・ハドソン著『禁断の市場 —— フラクタルでみるリスクとリターン』(東洋経済新報社)
ハワード・マークス著『投資で一番大切な 20 の教え』(日本経済新聞出版)
ロバート・G・ハグストローム著『株で富を築くバフェットの法則[最新版] —— 不透明なマーケットで 40 年以上勝ち続ける投資法』(ダイヤモンド社)
ブルース・グリーンウォルドとポール・ソンキンとジャッド・カーンとマイケル・ヴァンビーマ著『バリュー投資入門』(日本経済新聞社)
フレッド・シュエッド・ジュニア著『**投資家のヨットはどこにある? —— プロにだまされないための知恵**』(パンローリング)
ジェイソン・ツヴァイク著『あなたのお金と投資脳の秘密 —— 神経経済学入門』(日本経済新聞出版社)

文学

G・ガルシア=マルケス著『百年の孤独』(新潮社)
シェイクスピア著『ハムレット』
リチャード・バック著『かもめのジョナサン』(新潮文庫)
チャールズ・ディゲンズ著『オリバー・ツイスト』(角川文庫)
ロバート・M・パーシグ著『禅とオートバイ修理技術』(ハヤカワ文庫)

その他

マハトマ・ガンジー著『ガンジー自伝』(中公文庫)
City Police by Jonathan Rubinstein
アルフレッド・ランシング著『**エンデュアランス —— 史上最強のリーダーシャクルトンとその仲間はいかにして生還したか**』(パンローリング)
ネルソン・マンデラ著『自由への長い道 —— ネルソン・マンデラ自伝』(日本放送出版協会)
ジョージ・レイコフとマーク・ジョンソン著『レトリックと人生』(大修館書店)
Reagan: A Life in Letters by Ronald Reagan
ベンジャミン・フランクリン著『フランクリン自伝』(岩波文庫)
アトゥール・ガワンデ著『アナタはなぜチェックリストを使わないのか?』(晋遊舎)
ジョゼフ・キャンベル著『千の顔をもつ英雄』(人文書院)
The New British Constitution by Vernon Bogdanor
ジョーゼフ・キャンベルとビル・モイヤーズ著『神話の力』(早川書房)
Vor 1914: Erinnerungen an Frankfurt geschrieben in Israel by Selmar Spier
H・D・ソロー著『森の生活』(岩波文庫)
Why America Is Not a New Rome by Vaclav Smil

経済学

Modern International Economics by Shelagh Heffernan and Peter Sinclair
ダン・アリエリー著『予想どおりに不合理』（ハヤカワ・ノンフィクション文庫）
The Economy as an Evolving Complex System by Philip Anderson, Kenneth Arrow, and David Pines
マット・リドレー著『繁栄――明日を切り拓くための人類10万年史』（早川書房）

ゲーム論

500 Master Games of Chess by S. Tartakower and J. du Mont
ヨハン・ホイジンガ著『ホモ・ルーデンス』（中公文庫）
ジェイン・マクゴニガル著『幸せな未来は「ゲーム」が創る』（早川書房）
Winning Chess Tactics for Juniors by Lou Hays
Wise Choices: Decisions, Games, and Negotiations by Richard Zeckhauser, Ralph Keeney, and James Sebenius

投資

A Zebra in Lion Country by Ralph Wanger with Everett Mattlin
ビタリー・カツェネルソン著『**バリュー株トレーディング――レンジ相場で勝つ**』（パンローリング）
ピーター・リンチ著『ピーター・リンチの株で勝つ』（ダイヤモンド社）
フィリップ・A・フィッシャー著『フィッシャーの「超」成長株投資』（フォレスト出版）
ナシーム・ニコラス・ナレス著『まぐれ』（ダイアモンド社）
デビッド・アインホーンとジョエル・グリーンブラット著『**黒の株券――ペテン師に占領されるウォール街**』（パンローリング）
ウィリアム・パウンドストーン著『天才数学者はこう賭ける――誰も語らなかった株とギャンブルの話』（青土社）
Investing: The Last Liberal Art by Robert Hagstrom
ジム・ロジャーズ著『冒険投資家ジム・ロジャーズ　世界バイク紀行』（日経ビジネス人文庫）
More Mortgage Meltdown: 6 Ways to Profit in These Bad Times by Whitney Tilson and Glenn Tongue
マイケル・J・モーブッシン著『投資の科学――あなたが知らないマーケットの不思議な振る舞い』（日経BP社）
Of Permanent Value: The Story of Warren Buffett by Andrew Kilpatrick
Pioneering Portfolio Management: An Unconventional Approach to Institutional Investment by David Swensen
ベンジャミン・グレアムとデビッド・ドッド著『**証券分析**』（パンローリング）
Seeking Wisdom: From Darwin to Munger by Peter Bevelin
Short Stories from the Stock Market: Uncovering Common Themes behind Falling Stocks to Find Uncommon Ideas by Amit Kumar

ビジネス

トニー・シェイ著『顧客が熱狂するネット靴店　ザッポス伝説―アマゾンを震撼させたサービスはいかに生まれたか』（ダイヤモンド社）
ヤンミ・ムン著『ビジネスで一番、大切なこと』（ダイヤモンド社）
ロジャー・フィッシャーとブルース・パットンとウィリアム・ユーリー著『ハーバード流交渉術』（阪急コミュニケーションズ）
アダム・グラント著『GIVE & TAKE「与える人」こそ成功する時代』（三笠書房）
フランク・ベトガー著『私はどうして販売外交に成功したか』（ダイヤモンド社）
ティム・サンダース著『デキる人の法則』（角川書店）
Mastering the Rockefeller Habits: What You Must Do to Increase the Value of Your Growing Firm by Verne Harnish
ジョン・P・コッター著『幸之助論――「経営の神様」松下幸之助の物語』（ダイヤモンド社）
デイヴィッド・オグルヴィ著『「売る」広告』（海と月社）
Overhaul: An Insider's Account of the Obama Administration's Emergency Rescue of the Auto Industry by Steven Rattner
サム・ウォルトン著『ロープライスエブリデイ』（同文書院インターナショナル）
マルク・レビンソン著『コンテナ物語――世界を変えたのは「箱」の発明だった』（日経BP社）
ローレンス・カニンガム著『**バフェットからの手紙［第3版］――世界一の投資家が見たこれから伸びる会社、滅びる会社**』（パンローリング）
ボブ・バーグ著『あたえる人があたえられる』（海と月社）
フィル・ローゼンツワイグ著『なぜビジネス書は間違うのか』（日経BP社）
ケン・ブランチャードとスペンサー・ジョンソン著『新1分間マネジャー――部下を成長させる3つの秘訣』（ダイヤモンド社）
The Origin and Evolution of New Businesses by Amar Bhidé
The Power of Full Engagement: Managing Energy, Not Time, Is the Key to High Performance and Personal Renewal by Jim Loehr and Tony Schwartz
チャールズ・デュヒッグ著『習慣の力』（講談社）
The Startup Game: Inside the Partnership between Venture Capitalists and Entrepreneurs by William Draper
The Talent Code: Greatness Isn't Born: It's Grown, Here's How. by Daniel Coyle
Whale Done! The Power of Positive Relationships by Kenneth Blanchard, Thad Lacinak, Chuck Tompkins, and Jim Ballard
スペンサー・ジョンソン著『チーズはどこへ消えた？』（扶桑社）
Working Together: Why Great Partnerships Succeed by Michael Eisner with Aaron Cohen

ないが、私はこの分野にもたくさんの実践的な知恵を見つけた。私にとっては、その中心にいるのがトニー・ロビンズだ。『アンソニー・ロビンズの自分を磨く』（三笠書房）は、彼の教えの良い入門書となる（彼のCDもお勧めだ）。ただ、この教えの恩恵を十分受けるためには、やはり彼のセミナーを受講することを勧める。

心理学

私たちはみんな、良い地図を持たずに内面の旅に出てしまう。しかし、行く先には道しるべがある。私が内面の豊かな世界について知るきっかけとなったのは、エンマ・ユングとマリー・ルイーズ・フォン・フランツ共著『ザ・グレイル・レジェンド』（The Grail Legend）と、ロバート・ジョンソン著『ザ・フィッシャー・キング・アンド・ザ・ハンドレス・メイデン』（The Fisher King and the Handless Maiden）だった。ユング派の心理療法を７年間受けていたときは、エドワード・ウィットモント著『ザ・シンボリック・クエスト』（The Symbolic Quest）が手引きとして非常に役に立った。また、感情の威力について興味を持ったきっかけは、ダイアナ・フォーシャの『ザ・トランスフォーミング・パワー・オブ・アフェクト』（The Transforming Power of Affect）で、そのあとアラン・ショアー、アントニオ・ダマシオ、ジョセフ・ルドーなどの本を次々と読んでいった。そのなかのいくつかは、このあとのリストにも載っている。

私の本棚にあるお勧めの本

次に、さまざまな理由で魅力的かつ私を高めてくれた本の一部を挙げておく。これらが投資家としての学びにつながるのかと聞かれれば、つながるものもあるし、そうでないものもある。しかし、私はどれも大いに有意義だと思っている。これらの本には株の選択だけでなく、蟻から乱世、金融、愛に及ぶさまざまな知恵が詰まっている。

は、私が意識的にバフェットを「モデル」とするために使った最初の本である。それ以外のバフェット関連の主な本には、アリス・シュローダー著『スノーボール』(日経ビジネス人文庫)や、キャロル・ルーミス著『完全読解　伝説の投資家バフェットの教え』(朝日新聞出版)などがある。ルーミスはバフェットの友人で、フォーチュン誌で60年間務めた著名なライターだ。また、『バークシャー・ハサウェイ・レタース・トゥ・シェアホルダース　1965～2013』(Berkshire Hathaway Letters to Shareholders, 1965-2013)は、バフェットの知恵の深い泉と言ってよい。そして、達人の心を垣間見ることができるもう1冊は、『プア・チャーリーズ・アルマナック』(Poor Charlie's Almanack)だ。ここには人が判断を誤る原因に関するチャーリー・マンガーの驚くべき分析が含まれている。

内面を見つめる

「フォーラム」の最高の指針は、モー・ファーサバブが主催する「ザ・シークレット・アドバンテージ・オブ・プロフェッショナル・リーダース」(プロのリーダーの密かな強み)というフォーラムだと思う。内容は、このタイトルがすべて語っている。しかし、このようなマスターマインド・グループの効力は、ぜひ参加して体験してみることを勧める。ほかにもお勧めのEO(起業家機構)やYPO(ヤング・プレジデンツ・オーガニゼーション)は、メンバーがフォーラムで前向きな経験ができるよう、多大な人材を割いている。また、トーストマスターズは仕組みが少し違うが、こちらも素晴らしい(平等主義的で、はるかに安い)。それ以外に、私は参加したことがないが、アルコール中毒者更生会も『12のステップと12の伝統』(AA日本ゼネラルサービス)という素晴らしい本を出している。これは、アルコール依存症の回復を手助けするための本だが、ここに書かれている教えはすべての人の役に立つ。

自己啓発

知性派の人たちは、自己啓発という発想自体に眉をひそめるかもしれ

参考文献と推奨図書

ここに挙げた本は、どれも私の学び――バリュー投資家としてだけでなく、幸せや満足を探し、世の中の仕組みをよりよく理解したい人としての学び――において、大きな役割を果たしてくれた。ここでは、私に大きな影響を与え、私の人生を豊かにしてくれた本を紹介していく。これが投資に関する重要な本から、複雑系、心理学、ゲーム論などに関する難解な本まで、さまざまな分野に及ぶ変わったリストであることは間違いない。それでも、これらの本の多くが、あなたの役に立ち、啓発を与え、豊かな人生をおくる助けになることを願っている。

投資

『賢明なる投資家』（パンローリング）はベンジャミン・グレアムによるバリュー投資本の決定版で、私の投資家としての人生はここから始まった。そのほかに、繰り返し読むべき４冊を挙げておく――セス・クラーマン著『マージン・オブ・セーフティ』（Margin of Safety）、ジョエル・グリーンブラット著**『グリーンブラット投資法』**（パンローリング）、マーティン・Ｊ・ウイットマンとマーティン・シュービックとジーン・アイゼンバーグ共著『ザ・アグレッシブ・コンサーバティブ・インベスター』（The Aggressive Conservative Investor）、ジョン・ミハルジェビック著**『バリュー投資アイデアマニュアル』**（パンローリング）。また、私がバリュー投資に出合う前、私を魅了した投資の古典が、エドウィン・ルフェーブル著『欲望と幻想の市場――伝説の投機王リバモア』（東洋経済新報社）と、ジョージ・ソロス著『ソロスの錬金術』（総合法令出版）だった。

ヒーロー、メンター、ロールモデル

ロジャー・ローウェンスタインによるバフェットの伝記『ビジネスは人なり　投資は価値なり――ウォーレン・バフェット』（総合法令出版）

■著者紹介

ガイ・スピア（Guy Spier）

アクアマリン・ファンドを17年間運用し、マーケットを上回る素晴らしいリターンを上げている投資家。ウォーレン・バフェットの熱烈な信奉者であり、1500万ドルの資金で運用を始めたファンドは、バフェットが最初に設立したパートナーシップの形態をかなり模倣している。オックスフォード大学経済学部を首席で卒業。イギリスの現首相であるデビッド・キャメロンとは同じチュートリアルで学んだ。経営コンサルタントを経て、ハーバード・ビジネス・スクールで学び、投資銀行に勤務後、自身のファンドを立ち上げた。コメンテーターとしてメディアにも定期的に登場、CNN、CNBC、ブルームバーグ・テレビジョン、フォックス・ビジネス・ニュースなどに出演している。

■監修者紹介

長尾慎太郎（ながお・しんたろう）

東京大学工学部原子力工学科卒。北陸先端科学技術大学院大学・修士（知識科学）。日米の銀行、投資顧問会社、ヘッジファンドなどを経て、現在は大手運用会社勤務。訳書に『魔術師リンダ・ラリーの短期売買入門』『新マーケットの魔術師』（いずれもパンローリング、共訳）、監修に『高勝率トレード学のススメ』『ラリー・ウィリアムズの短期売買法【第２版】』『コナーズの短期売買戦略』『続マーケットの魔術師』『続高勝率トレード学のススメ』『コナーズRSI入門』『遅咲きトレーダーのスキャルピング日記』『アメリカ市場創世記』『ウォール街のモメンタムウォーカー』『FX 5分足スキャルピング』『グレアム・バフェット流投資のスクリーニングモデル』『エルダー博士のトレードすべきか、せざるべきか』『エルダー博士のダイバージェンストレード』（いずれもパンローリング電子ブック）など、多数。

■訳者紹介

井田京子（いだ・きょうこ）

翻訳者。主な訳書に『トレーダーの心理学』『スペランデオのトレード実践講座』『投資苑３　スタディガイド』『トレーディングエッジ入門』『千年投資の公理』『ロジカルトレーダー』『チャートで見る株式市場200年の歴史』『フィボナッチブレイクアウト売買法』『ザFX』『相場の黄金ルール』『内なる声を聞け』『FXスキャルピング』『プライスアクショントレード入門』『トレーダーのメンタルエッジ』『破天荒な経営者たち』『バリュー投資アイデアマニュアル』『遅咲きトレーダーのスキャルピング日記』『FX 5分足スキャルピング』（いずれもパンローリング）、『エルダー博士のトレードすべきか、せざるべきか』『エルダー博士のダイバージェンストレード』（いずれもパンローリング電子ブック）など、多数。

2015年12月2日　初版第1刷発行

ウィザードブックシリーズ㉚

勘違いエリートが真のバリュー投資家になるまでの物語

著　者　ガイ・スピア
監修者　長尾慎太郎
訳　者　井田京子
発行者　後藤康徳
発行所　パンローリング株式会社
〒160-0023　東京都新宿区西新宿7-9-18-6F
TEL 03-5386-7391　FAX 03-5386-7393
http://www.panrolling.com/
E-mail　info@panrolling.com
編　集　エフ・ジー・アイ（Factory of Gnomic Three Monkeys Investment）合資会社
装　丁　パンローリング装丁室
組　版　パンローリング制作室
印刷·製本　株式会社シナノ

ISBN978-4-7759-7199-4
落丁・乱丁本はお取り替えします。

ベンジャミン・グレアム

1894/05/08 ロンドン生まれ。1914 年アメリカ・コロンビア大学卒。ニューバーガー・ローブ社（ニューヨークの証券会社）に入社、1923-56 年グレアム・ノーマン・コーポレーション社長、1956 年以来カリフォルニア大学教授、ニューヨーク金融協会理事、証券アナリストセミナー評議員を歴任する。バリュー投資理論の考案者であり、おそらく過去最大の影響力を誇る投資家である。

ウィザードブックシリーズ 10

賢明なる投資家
割安株の見つけ方とバリュー投資を成功させる方法

定価 本体3,800円+税　ISBN:9784939103292

市場低迷の時期こそ、威力を発揮する「バリュー投資のバイブル」

ウォーレン・バフェットが師と仰ぎ、尊敬したベンジャミン・グレアムが残した「バリュー投資」の最高傑作！ だれも気づいていない将来伸びる「魅力のない二流企業株」や「割安株」の見つけ方を伝授。

ウィザードブックシリーズ24

賢明なる投資家【財務諸表編】

定価 本体3,800円+税　ISBN:9784939103469

ベア・マーケットでの最強かつ基本的な手引き書であり、「賢明なる投資家」になるための必読書！ ブル・マーケットでも、ベア・マーケットでも、儲かる株は財務諸表を見れば分かる！

ウィザードブックシリーズ87

新 賢明なる投資家(上)

定価 本体3,800円+税　ISBN:9784775970492

古典的名著に新たな注解が加わり、グレアムの時代を超えた英知が今日の市場に再びよみがえる！ みなさんが投資目標を達成するために読まれる本の中でも最も重要な1冊になるに違いない。

ウィザードブックシリーズ88

新 賢明なる投資家(下)

定価 本体3,800円+税　ISBN:9784775970508

原文を完全な状態で残し、今日の市況を視野に入れ、新たな注解を加え、グレアムの挙げた事例と最近の事例とを対比。投資目標達成のために読まれる本の中でも最も重要な1冊となるだろう。

ウィザードブックシリーズ 44

証券分析【1934年版】

定価 本体9,800円+税　ISBN:9784775970058

「不朽の傑作」ついに完全邦訳！ 研ぎ澄まされた鋭い分析力、実地に即した深い思想、そして妥協を許さない決然とした論理の感触。時を超えたかけがえのない知恵と価値を持つメッセージ。

ウィザードブックシリーズ207

グレアムからの手紙

定価 本体3,800円+税　ISBN:9784775971741

ファイナンスの分野において歴史上最も卓越した洞察力を有した人物のひとりであるグレアムの半世紀にわたる證券分析のアイデアの進化を示す貴重な論文やインタビューのコレクション。

関　連　書

ウィザードブックシリーズ220

バリュー投資アイデアマニュアル
得意分野を見極めるための戦略の宝庫

ジョン・ミハルジェビック【著】

定価 本体2,800円+税　ISBN:9784775971888

「あなたの性格に合ったバリュー投資法」を探せ！ プチバフェットになるための金鉱を掘り当てる！

本書は、この素晴らしいニュースレターをすべての投資家が体験できる機会であり、バリュー投資の最高のアイデアを探し、分析し、導入するための実績ある枠組みを提供している。100人以上のトップファンドマネジャーのインタビューに基づいた本書は、知恵の宝庫であり、ウォーレン・バフェット、グレン・グリーンバーグ、ジョエル・グリーンブラットといったスーパーバリュー投資家の思考の過程も垣間見ることができる。

ウィザードブックシリーズ155

ダンドー
低リスク・高リターンのインド式テクニック

定価 本体1,800円+税　ISBN:9784775971222

グジャラート語の「ダンドー」とは「最小のリスクで最大の利益を求めること」

経済危機はチャンス!「バリューの種は不況で芽生える」
バフェットのバリュー戦略を一歩進めた革新的手法、究極のバリューのバイブル登場!

　ほとんどの投資家は、高い利益率を得るためには大きなリスクをとらなければならないと言われてきたのではないだろうか。もちろん、画期的なバリュー投資戦略を採用したベンジャミン・グレアムやウォーレン・バフェットやチャーリー・マンガーたちは、リスクを最小化しながら堅実に利益を積み重ねることができるということを証明してきた。本書で紹介する「ダンドー手法」とは、バフェットたちが成功した手法からさらに一歩進めて、リスクを最小化しながら、リターンを最大化するという革新的な方法である。